자아의 바다

열린시선

자아의 바다: 나를 찾아 떠나는 항해의 기록

초판 1쇄 발행 2024년 4월 30일

지은이 허창덕

펴낸이 최외출
펴낸곳 영남대학교출판부
출판등록 1975년 9월 5일 경산 제16-1호
주소 경북 경산시 대학로 280
전화 053) 810-1802~3
팩스 053) 810-4722
홈페이지 book.yu.ac.kr

ISBN 978-89-7581-957-5 03300

자아의 바다

: 나를 찾아 떠나는 항해의 기록

허창덕

열린시선

항해를 시작하며

"스물 세 해 동안
나를 키운 건 팔 할이 바람이다.
세상은 가도 가도 부끄럽기만 하드라."
- 서정주 '자화상' 중

우리는 모두 생의 바다를 마주한 한 척의 배로, 넓고 광활한 인생의 바다에서 자기 자신만의 항로를 그리며 삶을 항해해 나간다. 특히 20대는 항해를 시작하기 위해 본격적으로 항구에서 닻을 올리고 출항하는 시기인 동시에 무한한 미래와 가능성이 열려 있는 시기이다. 또한 그러므로 역설적으로 인생에서 가장 불안하고 방황하는 시기이기도 하다.

나는 누구인가? 20대의 중요 과업은 바로 '내가 누구인지'를 찾아가는 것, 즉 자아정체성을 확립하는 것이다. 많은 젊은 청춘들이 방황하는 이유는 자신이 무엇을 위해 살아야 하는지 또 어떻게 살아야 하는지와 같은 자기 삶에 대한 밑그림이 없기 때문이다. 이는 어찌 보면 젊은 청춘들에게 진정으로 삶을 살아가는 법에 대해 가르치기보다는 줄세우기식의 획일화된 학업 경쟁에만 몰아넣은 기성세대와 우리 사회의 책임이라 볼 수 있다.

하지만 인생은 속력이 아니라 방향이라는 말처럼, 삶을 살아가면서 정말 중요한 것은 토익 점수 수십 점 더 높이는 것도 아니고 수학 문제 몇 문제를 더 맞히는 것도 아닌, 나를 이해하고 이를 바탕으로 내가 어떻게 살아갈 것인지를 스스로 결정하는 방법을 익히는 것이다. 자아의 바다는 바로 젊은 청춘들이 스스로를 올바르게 이해하고 이를 바탕으로 미래를 그리도록 도와주는 것을 그 목적으로 한다. 미당 서정주는 나를 키운 건 바람이었다고 이야기하지만, 여러분들은 자신에 대한 성찰과 탐구를 바탕으로 스스로 바람을 일으키는 사람이 되어보는 것이다.

자아의 바다는 크게 네 가지 내용으로 구성된다.

1. 자기 자신 및 자아정체성에 대한 이해
2. 살아왔던 시간에 대한 자기 용서와 이해 그리고 자기 화해
3. 현재의 나에 대한 이해와 미래 준비
4. 자신이 꿈꾸는 미래의 자아상과 가족상

이를 통해 학생들은 자기 자신과 관련된 복합적인 측면에 대해 이해하고, 자기의 과거와 현재와 미래에 대한 이해와 화해의 시간을 가짐으로써 자기 생의 의미를 좀 더 고민하고, 자신을 긍정하고, 자기 진로와 꿈에 대해 보다 구체적인 밑그림을 그려보게 될 것이다. 이 수업을 통해 경험하고 작성하게 될 다양한 활동들은 삶의 항해 일지이자 스무 살에 쓰는 각자의 자서전이 될 것이다.

자아의 바다는 교수자가 2006년부터 2016년까지 10년간 진행했던 '인간행동과 사회환경'이라는 수업의 하나의 프로젝트 과제명이었다. 과제를 작성했던 학생들의 반응이 뜨거웠고, 후배들도 반드시 해볼 수 있는 기회가 제공될 수 있도록 하는 당부가 많았다. 자아의 바다 프로젝트를 했던 학생들은 지금도 연락이 와서 묻는다. 자아의 바다를 하고 있느냐고, 그리고 그들은 부탁한다. 후배들이 자아의 바다를 꼭 할 수 있도록 해 달라고.

> 자아의 바다를 항해하며 저에게 온전히 집중하는 시간을 가질 수 있었습니다. 내가 좋아하는 열 가지도 적지 못하는 저를 발견하면서 많은 충격에 빠지기도 했습니다. 하지만 이 시간을 통해 마치 끝없는 바다처럼 저에 대해서 경계없이 사유하고 또 사랑할 수 있었습니다. 여러분들께서도 자아의 바다를 통해 자신이 얼마나 가치있는 사람인지 느끼시길 바라며 자유롭게, 마음껏 항해하세요!
>
> - 가족주거학과 14학번 홍선영

이렇듯, 교수자와 선배들의 염원을 담아 자아의 바다가 정식 강의로 개편되기에 이르렀다. 이 강의가 생의 항해를 시작하는 청춘들에게 도움이 되기를 진심으로 기원한다.

차례

1강

나를 찾아서 I

나는 누구인가?

나는 어디에서 와서 어디로 가는가?

한 번 주어진 이 삶 속에서 나는 어떠한 삶을 살아야 하는가?

보다 근본적으로…. 나는 누구인가?

위의 질문은 누구나 살면서 한 번쯤은 던져보았을 질문이며, 다른 한편으로 바쁜 현실의 삶에 치여 마음 한켠 어딘가에 묻어둔 질문일 것이다. 실제로 많은 현대인은 학업, 직장, 인간관계 등 다양한 삶의 과업의 무게로 인해 내가 누구인지, 궁극적으로 무엇을 하고 싶은지, 또 무엇을 해야 하는지에 대해 크게 관심을 두지 않고 살아가는 경우가 많다. 일례로 이 강좌를 수강하는 학생들은 이 강좌를 듣기 전까지 얼마나 많은 시간을 진지하게 위와 같은 고민을 하며 보냈는가?

이러한 개인의 삶의 일면과는 대조적으로 '나는 누구인가?'라는 질문은 점점 한국 사회에서 하나의 중요한 담론으로 형성되어 가는 듯하다. 최근 출판계의 불황에도 불구하고 김수현의 에세이 『나는 나대로 살기로 했다』는 오랜 기간 베스트셀러 상위권을 유지했으며, 미디어에서는 다양한 분야에서 성공한 인사들이 왜 '온전히' 자기 자신으로 사는 것이 중요한지에 대해서 설명하고 있다. 최근 직장인들 사이에서 화두로 떠오른 '워라밸(Work-life balance)' 혹은 '일-생활 균형' 역시 회사와 업무를 우선시하던 삶이 당연시되던 한국 사회에서 점점 많은 사람들이 '나'의 의미와 중요성에 가치를 두고 있음을 반영한다고 볼 수 있다. 어쩌면 지금 한국 사회는 적어도 '자아정체성'과 관련해서는 개인 삶에서의 성찰이 사회적 담론을 따라가지 못하는 과도기적 상황에 있다고 진단해 볼 수 있을 것이다.

이 강좌를 통해, 우리는 왜 '나'에 대해 아는 것이 중요한지 배워볼 것이며, 나아가 과거, 현재, 미래를 아울러 '나'의 다양한 면모에 관해 탐구하고 성찰해 볼 것이다. 이를 통해, 이 강좌의 수강생들이 '나는 누구인가?'라는 삶의 본질적 질문을 탐색하는 데 기여할 수 있기를 기대한다.

1. 자기개념(Self-concept)

'나는 누구인가?'라는 질문에 대해 여러분은 어떤 대답을 할 것인가? 여섯 글자의 간단해 보이는 이 질문에 대한 명쾌한 대답을 내어놓는 것은 쉽지 않은 일이다. 이는 자아정체성이 여러 요인을 포괄하는 복합적인 개념이기 때문이다.

자아정체성에 대해 본격적으로 논의하기 전에(본격적인 논의는 '3강 자아정체성' 참조) 자아정체성의 가장 기초적인 형태이자 내용을 구성하고 있는 자기개념(Self-concept)에 대해 논의해 볼 필요가 있다.

> ○○대학교 학생, ○○전공자, 남자친구, 여자친구, 엄마, 아빠, 딸, 아들, 기독교 신자, 불교 신자, 천주교 신자, 한국인, 세계시민, 기타리스트, 피아니스트, 카페 사장, 편의점 아르바이트생, 외향인, 내향인, 키가 큰, 날렵한, 자원활동가, 성격이 까다로운, 예의 바른, 꿈이 큰, 개성이 넘치는, 매력적인, 성격이 급한, 사회문제에 관심이 많은, 몸이 좋은, 사교적인, 남을 잘 돕는, 불만이 많은, 열정적인, 생각이 깊은, 차분한, 영화를 좋아하는, 운동을 좋아하는, 여행을 좋아하는, 스트레스에 취약한, 유행에 민감한 등

윗글 상자에는 개인의 특성에 관해 기술하는 다양한 명사와 형용사가 포함되어 있다. 이 중 본인이 생각하기에 자기 자신을 나타내기에 적합한 단어는 몇 개가 있는가? 또 어떤 것들인가?

사회심리학에서 자기개념(Self-concept)은 개인이 자기 자신에 대해 가지고 있는 신념 체계로 정의된다. 사회심리학자 모리스 로젠버그(Morris Rosenberg)는 자기개념에 대해 "객체로서의 자신에 대한 개인의 생각과 감정

의 총체적 집합"으로 정의했다(Rosenberg, 1986). 이를 조금 더 쉽게 풀어쓰면, 스스로가 인지하고 있는 객체로서의 자기 자신에 관한 내용으로 기술할 수 있다. 자기개념은 다양한 형태의 개념이나 내용을 포괄하며, 이는 '남성·여성 혹은 키가 큰'과 같은 신체적 특징일 수도, '남자친구·여자친구 혹은 아들·딸'과 같은 사회적 관계에서의 역할일 수도, '카페 사장 혹은 편의점 아르바이트생'과 같이 나의 현재 직업이나 커리어적인 측면일 수도, '생각이 깊은'과 같은 성격적인 측면일 수도, '기타리스트'와 같은 내가 좋아하는 취미일 수도, 혹은 '종교적·정치적 신념'과 같이 내가 중요하게 생각하는 가치관일 수도 있다. 이러한 자기개념에서 중요한 것은 주관성(subjectivity), 즉 실제 자신의 객관적인 모습보다 개인이 스스로에 대해서 어떻게 인지하고 있느냐가 개인의 삶에 있어 더욱 중요한 역할을 한다는 점이다. 예를 들어, 객관적인 지능검사에서 높은 '수학 지능' 수치를 받았다고 할지라도, 스스로 수학을 잘할 수 있다고 '인지'하고 있지 않다면 실제로 수학 성적은 낮게 받을 확률이 높은데, 왜냐하면 결국 주관적 인식이 수학 공부를 하려는 노력으로 이어지는 주요 요인이기 때문이다. 한편 꽤나 놀랍게도, 수많은 심리학 연구는 사람들이 주관적으로 인지하는 자기 자신의 모습과 객관적인 모습이 종종 다르다는 점을 보여준다. 자기 자신에 대한 주관적 인식과 객관적 인식의 차이는 '2강 나를 찾아서Ⅱ – 내가 바라보는 나, 타인이 바라보는 나'에서 자세히 다룰 예정이다.

2. 자기개념의 주요 차원

비록 자기개념의 내용은 주관적이며 그 내용과 형태에 제한은 없지만, 생애 주기에 따라 공통으로 나타나는 주요 내용은 존재한다. 학교 심리학자 브루스 브레켄(Bruce Bracken)은 청소년 및 초기 성인기(대학생 등)에서 주로 나타나는 자기개념의 여섯 가지 차원을 정리하여 제시하고 있다.

학업적 차원(Academic dimension) 많은 청소년 및 대학생들에게 학업은 핵심적인 인생 과업으로, 단기적으로 개인의 성취감 및 사회적 기대와 관련되고, 장기적으로는 미래의 기회와 직결되는 등 청소년 및 대학생들의 삶에 핵심적인 영향을 끼친다. 이들에게 학업성취는 유능성과 성공의 주요 지표이자 자신에 대한 가치와 가능성을 결정짓는 주요 척도로, 많은 청소년 및 대학생들이 학업에서의 성공과 실패를 자기 자신을 규정하는 중요한 잣대로 인지한다.

정서적 차원(Affect dimension) 청소년 및 대학생 시기에는 많은 삶의 변화가 일어난다. 많은 개인이 청소년기에 '사춘기'라고 불리는 일련의 발달과정을 경험을 하며, 이후 성인기에 접어들면서 신체적·정서적으로 부모로부터 독립하게 된다. 이 시기 개인은 종종 스트레스, 불안, 심리적 불확실성 등 다양한 감정을 경험하게 된다. 이러한 감정 경험과 이를 어떻게 대처했는가는 자주 보고되는 자기개념의 차원이다.

유능성 차원(Competence dimension) 단순히 학업을 넘어, 일상생활에서의 다양한 성공·실패 경험은 자기개념의 형성에 중요한 역할을 한다. 특히 청소년 및 대학생 시기는 부모로부터 독립하면서 나타나기 시작하는 삶의 다양한 과업들을 경험하고 필요한 기량을 익히기 시작하는 단계이다. 이러한 경험과 기량과 관련된 자기개념은 청소년 및 대학생 시기에 주로 보고된다.

가족 차원(Family dimension) 청소년 및 대학생 시기에 가족은 개인에게 물질적·정서적 지원을 제공하며 사회화의 중요한 역할을 담당한다. 따라서 부모의 기대나 가족 내 역할과 관련된 자기개념은 선행연구에서 가장 많이 등장하는 자기개념 중 하나이다.

신체적 차원(Physical dimension) 청소년 및 대학생 시기는 신체적으로 가장 건강하고 활발한 시기로, 신체적 조건은 자기개념 형성에 큰 영향을 끼칠 수 있다. 신체적 건강 상태, 운동 능력 등 다양한 신체적 요인이 이 시기에 중요한 자기개념으로 나타나지만, 가장 공통으로 보고되는 자기개념은 신체 이미지와 외모이다. 이 시기는 외모에 대한 사회적 기대가 가장 높은 시기로, 이러한 사회적 기대는 성별에 따라 다르게 적용되기도 한다.

사회적 상호작용 차원(Social dimension) 청소년 및 대학생 시기는 일생을 통틀어 사회적 상호작용이 가장 활발하게 일어나는 시기이다. 청소년기로 접어들면서 개인의 주요 사회적 상호작용의 대상이 부모에서 또래집단으로 이동하고, 또래집단의 중요성은 부모로부터 독립하는 시기인 대학생 때까지 유지된다. 따라서 이 시기의 개인은 상호작용과 관련된 자기개념을 종종 보고한다.

3. 자기개념에 영향을 미치는 요인

자기개념이 자기 자신에 대해 스스로가 인식하는 정보의 총체적 집합이라면, 자기개념의 원천이 되는 정보는 어디에서 오는 것일까? 다시 말해, 우리는 자기와 관련된 정보를 어디에서 받아들여 자기개념을 구성하는 것일까? 다양한 요인이 자기개념의 형성에 영향을 끼칠 수 있으며, 현대사회에서 자기개념에 영향을 끼칠 수 있는 중요한 요인들은 아래와 같다. 다수의 사회학 및 심리학 연구는 자기개념에 영향을 미치는 요인을 크게 내부적 요인(Internal factors)과 외부적 요인(External factors)으로 나누어 접근하고 있다.

1) 내부적 요인(Internal factors)

내부적 요인은 자기개념의 원천이 개인의 내면으로부터 비롯되는 경우를 말하며, 대표적인 내부적 요인으로 성격 요인, 내적 흥미, 가치관을 들 수 있다.

성격 성격은 개인이 사고하고 행동하는 고유한 특질을 의미하는 용어이다. 성격은 타인과 개인을 구분 짓는 가장 기본적인 단위의 특징이며, 전 생애에 걸쳐 상대적으로 일관되며 안정적인 속성을 가지기 때문에 자기개념을 형성하는 기본적이고 중요한 요인으로 기능한다. 예컨대, 은지가 자신을 '신중하며 생각이 깊은 사람'이라고 자신을 소개했다면, 이는 개인이 가진 성격을 자기개념의 한 내용으로 활용한 경우이다.

내적 흥미 내적 흥미는 자기개념을 결정짓는 데 핵심적인 역할을 한다. 내적 흥미란 다른 요인들이 결부되지 않고 그 자체로서 즐겁고 의미 있는 활동들로, 이러한 활동들은 개인이 자신을 정의하는 내용으로 종종 보고된다. 예를 들어, 은지가 '피아노 연주'에 내적 흥미와 관심을 가지고 있다면, '피아노를 연주하는 사람'은 민주를 구성하는 하나의 자기개념일 개연성이 높다.

가치관 가치관 역시 자기개념의 형성에 중요한 역할을 하는 요인 중 하나이다. 가치관은 개인에게 어떠한 생각과 행동이 바람직한지 그렇지 않은지를 알려주는 가이드라인으로써 기능하며, 이는 개인이 스스로를 어떻게 규정짓는가에도 큰 영향을 끼친다. 예를 들어, 누군가가 '이타적인 삶'을 중요시하는 가치관을 가지고 있다면, 그는 아마도 '타인을 돕는 것을 좋아하는' 혹은 '자원활동가'와 같은 자기개념을 가질 것이다.

2) 외부적 요인(External factors)

인간은 사회적 동물이다. 자기개념이 비록 '개인'에 대한 내용이기는 하나, 개인이 스스로를 이해하고 규정하는 방식은 사회환경적인 영향으로부터 자유로울 수 없다. 자기개념의 중요한 외부적 요인으로는 대인관계, 사회문화 요인, 미디어를 들 수 있다.

대인관계 대인관계는 다양한 메커니즘을 통해 개인이 스스로에 대해 인식하고 규정하는 데 핵심적인 역할을 한다. 개인은 타인과의 상호작용을 통해 타인이 나에 대해 어떻게 생각하는지에 대한 정보를 획득할 수 있으며, 사회적 상황에서 타인의 행동과 반응에 대한 관찰을 통해 사회적 준거에 대한 이해를 증진할 수도 있다. 또한, 타인으로부터의 사회적·감정적 지지를 통해 혼란스러웠던 자신의 생각이나 감정을 정리하여 자기개념을 넓혀 나가기도 한다. 나아가, 상호작용을 바탕으로 새로운 활동이나 경험을 통해 자신을 규정하는 폭을 넓힐 수도 있다.

사회문화적 요인 개인이 소속된 사회문화는 스스로를 이해하고 규정짓는 틀을 제공함으로써 자기개념의 형성에 상당한 영향을 끼친다. 문화적 규범 및 사회 내 공동체 가치는 개인이 스스로에 대해 어떻게 생각하고 표현하는지를 결정짓는 중요한 환경적 요인이며, 사회적 기대는 개인이 사회 내에서 어떤 역할을 해야 하고 어떠한 행동을 해야 하는지 혹은 하지 말아야 하는지를 규정한다.

미디어 전통적으로 미디어는 정보와 소식을 대중들에게 전달하고 소속 사회의 문화와 규범(특히, 주류 문화와 규범)을 전파하는 전달자의 역할을 수행함으로써, 개인의 자기개념 형성에 이바지했다. 하지만 최근 소셜미디어의 발달로 미디어는 개인이 스스로를 자유롭게 표현하고, 공통의 관심사가 있는 타인과 교류하며, 주체적으로 문화와 규범을 형성하는 장으로 기능하면서, 대인관계의 장이자 문화의 전달 및 생산자로서 자기개념의 형성에 더욱 적극적으로 이바지하기도 한다.

앞서 살펴본 내·외부적 요인은 서로 독립되어 있기보다 상호 긴밀하게 연결되어 자기개념에 영향을 끼친다. 예를 들어, 개인이 소속된 사회문화와 미디어와 같은 외부적 요인은 내부적 요인인 개인의 내적 흥미나 가치관의 형성에 큰 영향을 끼친다. 또한, 다른 사람과의 교류를 통해 자신이 몰랐던 개인의 성격에 대해 알게 되는 계기가 될 수도 있다. 이와 반대로, 많은 사람들이 공유하는 가치관은 사회의 주류 문화 혹은 규범으로 재생산될 수 있다. 특히, 최근에는 다양한 개인의 내적 흥미와 관련된 활동이나 가치관이 소셜미디어를 타고 빠르게 확산하면서 사회문화의 형성에 이바지하기도 한다.

4. 자기 이해 증진

이 책의 초반, 여러분은 개인의 특성을 기술하는 여러 단어가 포함된 글 상자를 보았다. 아마 그 글 상자에 포함되지 않은, 하지만 여러분 스스로를 기술할 수 있는 단어들도 무수히 많이 존재할 것이다. 여러분이 스스로에 대해 기술하는 글을 써 본다면, 얼마나 많은 단어가 필요할 것인가? 10단어? 50단어? 100단어? 혹은 그 이상의 단어?

물론, 자기개념은 자기 자신에 대해 내가 인식하는 정보의 나열일 뿐으로, 자기개념의 많고 적음이 확립된 자아정체성을 의미하지는 않는다. 자기 자신을 구성하는 '내용'이라는 측면에서 자기개념과 자아정체성은 유사성이 있지만, 이 둘 간에는 여러 가지 중요한 차이점이 존재하며, 이에 대해서는 '3강 자아정체성'에서 보다 자세히 다루어질 것이다.

그럼에도 불구하고, 자신의 자기개념을 찾아보는 것, 다시 말해 내가 생각하기에 현재의 자기 자신을 '규정지을 수'있는 특성과 '그렇지 않은 특성'을 구분하고, 나에게 보다 '중요한 활동'과 '그렇지 않은 활동'을 구분해보는 것은 자기 탐색의 출발점으로서 자기 이해의 증진에 도움이 된다. 이러한 특성 중에는 '남성' 혹은 '여성'이나 '○○대학교 학생' 등 비교적으로 규정짓기 쉬운 특성들이 있고, '흥미' 혹은 '특기' 등 상대적으로 많은 생각을 요구하는 모호한 특성들이 있을 것이다. 활동과 관련해서도, 현재의 나에게 중요하다고 분류하기 다소 쉬운 활동이 있고 상대적으로 그렇지 않을 활동이 있을 것이다. 본 강에 실린

'활동자료 1-1 자기 이해 마인드맵 그리기'가 자기에 대한 이해를 증진하는 데 도움이 될 수 있을 것이다.

자기 이해 마인드맵 그리기

준비물 A3 혹은 더 큰 용지, 색깔 펜 3가지

지시문 마인드맵은 생각의 지도라고 할 수 있다. 마인드맵을 통해 개인이 인지하고 있는 스스로에 대해 알아보고 탐색해보자.

1. 준비한 용지 위 중간에 '나'를 적는다.
2. 나를 대표적으로 표현할 수 있는 키워드를 5가지 뽑아, 중간의 '나' 주변에 하나씩 위치시키고, 5개 키워드를 중심으로 방사형의 가지를 그려나간다.
3. 중요한 점은, 가지는 연상 작용이 아니라 자신을 설명하거나 소개하는 쪽으로 뻗어나가야 한다.
4. 과제 제출 시 위쪽 여백에 학과, 학번, 성명을 기입한다.

※ 아래는 예시 그림으로 개인정보보호를 위해 내용은 흐리게 처리되었음.

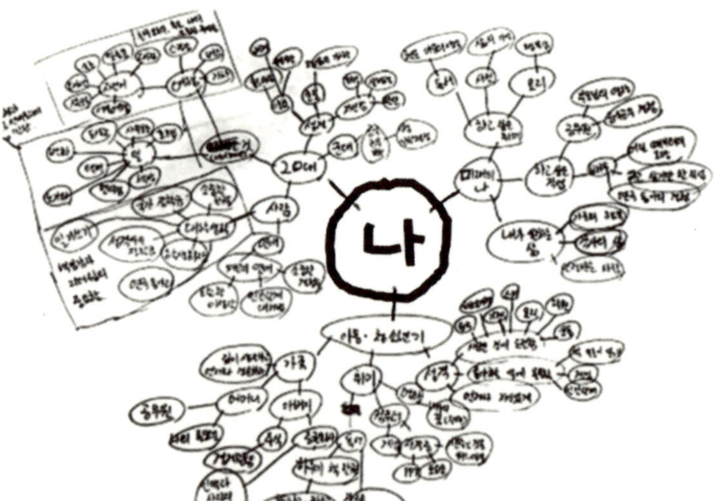

출처: 김경애. (2013). 과정 중심 자기소개서 쓰기 교육 방법 모색. *교양교육연구*, 7, 79-110.

20 진술문 테스트

아래에 20개의 빈칸에 '나는 누구인가?'에 대한 20개의 답변을 적으시오. 이 질문에 대한 각 답변은 서로 달라야 하며, 답변은 다른 사람이 아닌 여러분 자신에게 답하는 것처럼 대답하시오. 논리 또는 중요성을 걱정하지 말고 떠오르는 대로 작성하시오.

나는 누구인가?

1. 나는 ______________________________
2. 나는 ______________________________
3. 나는 ______________________________
4. 나는 ______________________________
5. 나는 ______________________________
6. 나는 ______________________________
7. 나는 ______________________________
8. 나는 ______________________________
9. 나는 ______________________________
10. 나는 ______________________________

11. 나는 ______________________________

12. 나는 ______________________________

13. 나는 ______________________________

14. 나는 ______________________________

15. 나는 ______________________________

16. 나는 ______________________________

17. 나는 ______________________________

18. 나는 ______________________________

19. 나는 ______________________________

20. 나는 ______________________________

출처: Kuhn, M. H., & McPartland, T. S. (1954). Twenty Statements Test. *American Sociological Review*, *19*, 68-76.

자아의 바다를 시작하며

한 학기를 시작하며, 자아의 바다 강의를 통해 무엇을 배우고 느끼고 성취하고 싶은지에 대해 에세이를 작성해 보시오. 또한, 본 강의를 통해 한 학기 동안 이루고 싶은 목표가 있다면 이에 대해 작성하시오.

2강

나를 찾아서 II

내가 바라보는 나,
타인이 바라보는 나

"Know thyself."

"너 자신을 알라."

소크라테스(Socrates)가 언급했으며, 고대 그리스 델포이의 아폴론 신전에 새겨져 있었다고 전해지는 이 격언이 우리에게 전하는 바는 여러 가지가 있지만, 그 핵심적인 의미는 자기 자신에 대한 객관적인 시각을 견지하는 것이 중요하다는 메시지일 것이다.

고대 그리스 철학에서부터 현대의 임상심리학에 이르기까지 다양한 학문 분야에서 자기 자신을 객관적으로 인식하는 것이 삶을 사는 데 중요하다는 사실을 강조하고 있다. 위의 격언 이외에도 아리스토텔레스(Aristotles)는 "자신에 대해서 아는 것이 모든 지혜의 시작이다"라고 이야기했으며, 장 자크 루소(Jean Jacques Rousseau) 역시 "너 자신을 알라. 이것은 지혜의 극치이다"라고 이야기 한 바 있다. 현대의 임상심리학 역시 정도와 증상에 따라 다양한 진단명과 접근법이 존재하긴 하지만, 기본적으로 자기 자신과 주변의 현실을 왜곡해서 인지하는 행위를 '정신장애' 즉, 치료가 필요한 행위로 규정한다. 이러한 접근의 바탕에는 자신과 주변 상황을 객관적으로 인식하지 않는 것은 바람직하지 않다는 전제가 깔려 있다.

그러나 다른 한편으로, 역사를 바꾼 위대한 인물들의 이야기나 동시대를 살고 있는 많은 성공한 사람들이 전하는 인생 이야기에는 '객관적이어야 한다'는 것과는 조금 결이 다른 측면이 존재하는 듯하다. 힘든 역경과 고난 혹은 매우 낮은 확률의 기회 속에서도 포기하지 않고 꿋꿋이 도전하여 성공을 이루어 낸 스토리가 그들의 인생 이야기에 종종 등장한다. 이러한 이야기에는 비록 앞이 보이지 않는 듯한 어려움과 불확실성 속에서도 '긍정적인 사고와 태도를 견지하고 꾸준히 나아가라'는 메시지가 존재한다. 어쩌면 이러한 위대한 인물이나 성공한 사람들의 이야기까지 가지 않아도, 많은 대학생들이 가고 싶어 하는 교환학생 프로그램, 인턴십, 좋은 직장에 취업하는 것 혹은 좋은 대학원에 진학하는 것 등 우리가 일상생활 속에서 이루고자 목표로 삼고 노력하는 많은 일들의 '객관적인 성공 가능성'만 평가하자면, 몇 %나 될까? 가능성이 높지는 않을 것이다. 예컨대, 요즘은 과거에 비해 인기가 많이 사그라들었다고 하지만 여전히 많은 사람들이 원하는 직업인 9급 공무원의 경우 2023년 기준 공채 시험 경쟁률이 1:22.8이었으며, 이를 단순히 합격 확률로 나타내면 대략 4.4% 정도이다. 현실 속 이야기들은 낮은 확률의 가능성 앞에서도 '할 수 있을 거야'라는 믿음을 가지고 끝없이 도전하기 위해서는, 조금은 비합리적일지 모르지만, 실제 자기 자신의 모습보다 조금 더 자신을 긍정적으로 바라보면서 삶을 살아가는 것이 중요하다는 메시지를 전달하는 듯하다.

사람들이 자기 자신에 대해 어떻게 생각하고 평가하는지, 또 이러한 자기 평가가 삶에 어떠한 영향을 미치는지는 1960년대 이후 사회심리학의 주요 주제 중 하나였다. 본 강에서는 사람들이 스스로에 대해 생각하고 평가할 때 어떠한 경향성을 보이는지를 살펴보고, 이러한 경향성을 삶을 살아가는 데 있어, 어떻게 건설적으로 활용할 수 있을 지에 대해 고찰해 보고자 한다.

1. 객관적 자기 vs 주관적 자기

사회심리학을 비롯하여 인간을 대상으로 연구하는 수많은 사회과학 연구에서 흔히 사용되는 연구 방식은 '자기보고'이다. 일반적으로 연구자는 연구 대상에 대한 정보를 수집하기 위한 질문지를 준비하고 연구참여자들의 응답을 분석하여 인간의 사고와 행동에 대한 과학적 이해를 넓힌다.

다만, 이러한 연구 방법은 '개개인이 스스로를 바라보는 방식이 객관적인가? 그렇지 않은가?'라는 연구 질문을 탐색하기에는 다소 맞지 않다. 왜냐하면, 사람들이 스스로에 대해 내리는 평가는 본질적으로 주관적이기 때문이다. 이렇듯 자기 보고식으로 수집된 연구자료의 객관성을 담보할 수 없기 때문에, 객관성을 담보할 수 있는 연구자료를 수집하여 자기보고 자료와 객관적인 자료를 비교하는 방향으로 연구가 이루어진다. 자기 자신에 대한 평가를 위한 객관적 자료에는 어떠한 것이 있을까? 다양한 지표가 자신에 대한 객관적인 평가를 위한 지표로 활용될 수 있지만, 사회심리학 연구에서 대표적으로 사용해 온 객관적 지표로는 1) 타인이 바라보는 나의 모습과 2) 과학 자료를 들 수 있다.

1) 타인이 바라보는 나의 모습

타인이 나에 대해 어떻게 생각하는지에 대한 정보는 자기 자신에 대한 하나의 객관적 지표로 기능할 수 있다. 주로 사회심리학 연구에서는 연구 대상이 되는 개인 및 가족, 친구, 동료 등 나에 대해서 잘 아는 타인을 연구참여자로 함께 초청하여 연구를 진행하는 경우가 많다. 이 경우, 연구 대상의 특성을 파악하기 위한 질문지를 준비한 후, 연구 대상(나)과 연구 대상에 대해 잘 아는 타인 모두에게 질문지에 대한 응답을 받은 뒤 이를 비교한다. 이때 연구 대상과 연구 대상을 잘 아는 타인의 응답값에 차이가 존재하지 않으면 개인은 스스로에 대해 객관적으로 평가하는 것으로, 그렇지 않으면 자기 자신에 대한 평가에 편향이 있는 것으로 간주한다.

2) 과학 자료

과학적 자료 역시 자기 자신을 객관적으로 파악할 수 있는 좋은 지표로 기능할 수 있다. 지능 검사는 하나의 좋은 예시가 될 수 있다. 여러분의 친구 중 스스로가 매우 머리가 똑똑하다고 믿고 있는 친구가 있다고 하자. 이 친구가 심리학적으로 검증된 지능 검사를 받아보았는데 그 결과로 대한민국 평균 이하의 점수를 받았다. 우연한 계기로 여러분은 그 사실을 알게 되었고, 그 친구는 여전히 자신은 매우 똑똑한데 그 지능 검사가 잘못된 것이라 주장한다. 여러분은 어느 쪽 결과를 더 신뢰할 것인가? 아마 지능 검사의 결과를 더 신뢰할 것이다. 왜냐하면 친구의 주장보다 지능 검사의 결과에 과학적 객관성이 보장되기 때문이다.

2. 자기고양편향(Self-enhancement bias)

대부분의 사람들이 자기 자신을 어떻게 평가하는지에 대한 사회심리학 연구들은 어떤 결과를 보여줄까? 다시 말해, 사람들은 일반적으로 객관적이고 정확하며 합리적인 방향으로 자신에 대해 평가하는 경향을 보일까 혹은 부정확하고 다소 비현실적이더라도 스스로에 대해 긍정적으로 평가하는 경향을 보일까?

수많은 사회심리학 연구는 개인이 자기 자신에 대해 평가할 때 다양한 측면에서 실제 자기 모습보다 더 긍정적인 방식으로 자기 자신에 대해 평가한다는 결과를 보여주고 있다. 이러한 경향성을 자기고양편향(Self-enhancement bias)라고 한다.

자기고양편향을 그림으로 비유하면 <그림 2-1>과 같이 비유할 수 있다. 고양이 한 마리가 거울 속에 비친 자신을 바라보고 있다. 이때 거울 속 자신의 모습은 있는 그대로의 자기 자신이 아닌 사자의 모습이다. 즉, 실제 자기 자신의 모습에 비해 스스로를 더욱 긍정적으로 바라보고 있는 것이다. 이러한 자기고양편향의 사례는 우리의 일상생활에서 심심치 않게 찾아볼 수 있다. 예를 들어, 학교 과제를 할 때 하루나 이틀이면 충분할 것이라고 생각했던 과제가 생각보다 시간이 훨씬 많이 걸려 당황한 적은 없는가? 다소 위험이 있는 해외로 여행을 가거나 어떠한 일을 계획할 때 부모님과 친구들은 위험하다며 반대하는데 스스로는 위험하다는 생각이 들지 않았던 적은 없는가? 나아가 엄밀히 말하면 내가 잘못한 일이거나 내 잘못이 더 큼에도 괜히 다른 사람이나 상황 탓을 해본 일은 없는가? 우리가 흔히 볼 수 있는 이러한 행동들도 자기고양편향이 일상생활에서 드러난 예시라 볼 수 있다. 사회심리학 연구는 다양한 방면에서 사람들이 자기고양편향에 잘 빠지게 된다는 점을 보여주지만, 그 대표적인 예시로는 1) 계획오

<그림 2-1> 자기고양편향 예시

류(planning fallacy), 2) 비현실적 낙관주의(unrealistic optimism), 3) 자기위주 편향(Self-serving bias)을 들 수 있다.

1) 계획오류(Planning fallacy)

계획오류는 어떤 일을 계획할 때 그 일에 소요되는 시간과 비용을 과소 예측하는 경향을 말한다(Beuhler, Griffin, & Ross, 1994). 앞서 언급한 예시와 같이 수업 과제에 소요되는 시간을 적게 추산하여 과제의 마감일을 놓치게 되는 것이나 친구와 약속을 잡았지만 약속 장소에 도착하기까지의 시간을 과소 추산하여 약속에 늦게 되는 것 등은 계획오류의 전형적인 예시로 볼 수 있다. 계획오류는 과제 제출이나 약속 시간에 늦는 일과 같은 일상생활의 상황뿐 아니라 중요한 국가나 기업의 프로젝트 계획 수립과 같은 중요한 일에서도 종종 나타난다. 예컨대, 호주 시드니에 위치한 오페라 하우스의 경우 1959년 처음 착공되었을 때, 4년의 시간과 700만 달러의 공사비가 들 것으로 예상되었지만, 실제로는 14년의 기간과 1억 2백만 달러의 공사비가 든 후에야 완공되었다. 계획오류가 나타나는 이유는 계획을 세울 때 최적의 상황만을 가정하고 계획을 세우기 때문이다. 일반적으로 사람들은 긍정적인 결과에 초점을 맞추어 실패의 확률이나 다양한 저해 요인의 발생 가능성을 낮게 예측하는 경향이 있으며, 이는 계획오류로 이어진다.

2) 비현실적 낙관주의(Unrealistic optimism)

비현실적 낙관주의는 삶의 과정에서 개인에게 나타날 수 있는 다양한 긍정적·부정적인 사건에 대해 평가를 함에 있어, 미래에 좋은 일이 생길 것이라는 가능성은 실제보다 과대평가를 하는반면 나쁜 일이 생길 가능성은 실제보다 과소평가하는 경향성을 의미한다(Weinstein, 1980). 개개인은 성취, 질병, 사고, 이혼, 복권, 자연재해 등 다양한 측면에서 이러한 경향성을 보여준다. 네일 웨인슈타인(Neil Weinstein)과 연구팀은 미국의 대학생들을 대상으로 졸업 후 좋은 직장에 취업하는 것, 높은 학업 성취, 높은 미래의 월 소득, 장수 가능성, 좋은 배우자를 만나는 것과 같은 긍정적인 사건과 알코올 중독, 자살, 사고를 당하는 것, 암과 같은 심각한 질병에 걸리는 일, 사기를 당하는 일과 같은 부정적인 사건을 제시하고, 각각의 사건이 본인에게 일어날 확률과 타인에게 일어날 확률을 예측하게 했다. 그 결과, 참여자들은 일관적으로 긍정적인 사건이 본인에게 일어날 확률에 대해서는 타인보다 높게 추산했으며, 부정적인 사건이 본인에게 일어날 확률은 타인보다 낮게 추산했다. 이후 연구는, 과학적으로 추산된 확률을 보여주었을 때도, 긍정적인 사건의 경우 본인에게 일어날 일은 사람들이 높게 추산하고 부정적인 사건이 일어날 확률은 낮게 추산한다는 것을 보여준 바 있다. 이러한 연구 결과는 많은 사람들이 특별한 근거 없이 자신의 미래가 객관적으로 추산된 미래보다 더욱 긍정적일 것이라 믿는다는 사실을 보여준다.

3) 자기위주편향(Self-serving bias)

삶의 과정에서 개인은 많은 성공과 실패를 경험한다. 이러한 성공과 실패를 평가하는 방식에서도 개인은 스스로를 긍정적으로 평가하려는 하는 경향성을 보인다. 자기위주편향은 이러한 경향성의 대표적인 예시로, 성공은 자기 자신의 능력과 노력 덕분에 일어난 일이고, 실패는 다른 사람이나 외부 요인 때문에 이루어졌다고 생각하는 경향을 나타낸다(Miller & Ross, 1975). '잘되면 내 탓, 못되면 조상 탓'이라는 속담을 들어본 적 있는가? 이는 자기위주편향을 잘 나타내는 대표적인 속담이다.

자기위주편향은 자기 자신을 심리적으로 보호하려는 일종의 방어기제의 하나로 기능한다. 대부분의 사람들에게는 자기 자신을 긍정적으로 바라보려는 동기가 자리 잡고 있으며, 이러한 동기를 충족하기 위해 무의식 중에 다양한 인지적 전략을 사용한다. 자기위주편향은 그러한 전략 중 하나로, 자신의 성공 경험을 부풀리고 실패 경험을 축소함으로써 긍정적인 자기상을 유지하려는 것이다.

3. 자기고양편향의 긍정적 및 부정적 기능

앞서 논의한 내용들을 정리하면, 사람들은 자기 자신에 대해 긍정적으로 평가하려는 심리적 경향이 있으며 이를 위해 계획, 미래 사건에 대한 예측, 성공 및 실패 경험의 원인 추론 등 다양한 영역에서 실제 현실을 어느 정도 왜곡함으로써 자기 자신을 긍정적으로 판단하려 한다. 그렇다면 이러한 경향성은 개인의 삶에 어떤 영향을 끼치는 걸까? 여러 연구자들은 이러한 경향성이 경우에 따라 긍정적인 기능을 할 수도, 부정적인 기능을 할 수도 있다고 주장한다.

1) 긍정적 기능

여러 사회심리학 연구는 자기고양편향이 개인의 삶에 긍정적인 역할을 한다는 점을 밝히고 있다. 대표적으로, 사회심리학자 쉘리 테일러(Shelly Taylor)와 조나톤 브라운(Jonathon Brown)은 개인이 삶의 과정에서 좋은 심리적 건강을 유지하는 데 자기고양편향이 핵심적인 역할을 한다고 주장하였다. 이들의 주장에 따르면, 자기고양편향은 불안정하고 예측 불가능한 현실 속에서 자신의 삶이 그래도 상당 부분 내가 원하는 대로 통제가 가능하며, 스스로가 긍정적이고 가치 있는 사람이라는 점을 확인시켜 준다. 돌이켜 생각해 보면, 우리는 다양한 위험과 불확실 요인들 가운데서 하루하루를 살아가고 있다. 지금 준비하는 공모전이나 대내외활동 혹은 수강하고 있는 수업에서 좋은 결과를 얻을 수 있을지, 졸업 이후 좋은 회사에 취직할 수 있을지, 좋은 배우자를 만날 수 있을지 등 미래 삶의 상당 부분은 불확실하다. 더 나아가 교통사고, 범죄, 자연재해, 질병 등 다양한 부정적인 사건이 나에게 일어날 가능성 또한 없지 않다. 이렇듯 불확실한 현실 속에서, 자기고양편향은 미래에 일어날 좋은 일의 가능성은 높게 점치고 나쁜 일의 가능성을 낮게 판단함으로써 지금의 과업에 더욱 집중하고 미래를 더 잘 준비할 수 있도록 심리적 안정감과 통제감을 제공한다.

앞서 언급한 계획편향 역시 그 정도가 심하지 않다면 일상생활에서 개인의 성과를 극대화한다는 순기능이 존재할 수 있다. 예컨대, 동일하게 6과목, 18학점을 듣는 것으로 한 학기 시간 계획을 짠 민석이와 정민이가 있다고 가정하자. 민석이의 경우 각 수업에 필요한 시간을 고려하여 이번 학기의 목표를 6과목 수업을 완수하는 것으로 잡았지만, 정민이의 경우 여기에 더해 대외활동에 참여하는 것을 목표로 삼았다고 하자. 정민이는 민석이에 비해 조금 더 바쁘고 여유 없는 한 학기를 보내겠지만, 학기가 지나고 정민이 이룬 성과는 민석이에 비해 높을 것이다. 그리고 이렇게 4년의 시간이 지나면 이 차이는 무시 못할 스펙과 경험의 차이로 이어질 수 있다. 정민이는 민석이에 비해 특정 업무에 필요한 시간과 비용을 조금 작게 추산함으로써 더 많은 성과를 거두게 된 것이다.

실제로 우울감이 높은 사람들이 정신적으로 건강한 사람들에 비해 더욱 현실을 객관적으로 판단한다는 연구 결과 역시, 자기고양편향이 우리 삶에 긍정적인 기능을 한다는 Taylor와 Brown(1988)의 주장을 지지한다. 현실을 보다 객관적으로 바라봄으로써 나타나는 상대적으로 높은 불안과 낮은 심리적 안정감과 통제감이 높은 우울감으로 이어질 수 있다는 것이다.

한국의 급속한 경제발전의 시발점이 되었던 '새마을운동'은 이러한 자기고양편향이 집단적으로 긍정적인 효과를 낳았던 좋은 예시가 될 수 있다. 1950년 6·25전쟁을 겪고 난 이후 폐허가 된 한국은 전 세계에서 가장 가난한 나라 중 하나였으며, 1970년대 초 새마을운동이 시작될 당시에도 경제 수준이 여전히 하위권에 머물렀던 가난한 나라였다. 이러한 객관적인 현실에도 불구하고, '열심히 노력하면 잘 살 수 있다'는 믿음은 현재 한국이 세계 10위권의 경제 강국이라는 성과를 달성하는 데 밑거름이 되었다. 당시 한국인들이 가난한 저소득 국가라고 하는 객관적인 사실에만 초점을 맞추었다면 노력하면 잘 살 수 있다는 희망을 품을 수 있었을까?

요컨대 자기고양편향 즉, 사람들이 실제보다 자기 자신을 더 긍정적으로 판단하는 경향은 다양한 메커니즘을 통해 보다 심리적으로 건강하고 기능적으로 삶을 영위하며, 보다 높은 성취를 이룰 수 있도록 돕는 역할을 할 수 있다.

2) 부정적 기능

그렇다면 자기고양편향은 우리 삶에 항상 긍정적인 기능을 하는 것일까? 아마 그렇지는 않을 것이다. 일상생활에서 혹은 주변 지인들로부터 객관적인 현실보다 자기 스스로를 훨씬 뛰어나고 대접받아야 하는 사람인 것처럼 행동하여 주변의 사람들로부터 점점 소외당한 사람의 이야기라든지 무리한 지출로 점철된 생활을 영위하다가 얼마 못 가서 빚을 감당하지 못해 신용불량자가 된 사람들의 이야기를 들어보았을 것이다. 수년 전부터 회자되는, 월수입은 적지만 중고 명품차를 구입하여 자신의 삶과 명품차를 동일시하나 차량 유지비용을 감당하지 못해 점점 빚이 늘어나다가 파산하게 되는 '카푸어의 삶'의 이야기는 이러한 자신의 삶을 왜곡하여 긍정적으로 포장했을 때의 부정적 결과에 대해 알려주는 대표적인 사례라 볼 수 있다.

실제로 여러 사회심리학 연구는 현실을 크게 왜곡하여 자신을 평가하는 경우, 자기고양편향이 다양한 측면에서 부정적인 역할을 한다는 점을 보여준다. 대표적인 부정적 성격 특질 중 하나인 나르시시즘[1]을 대상으로 한 연구는 자기고양편향의 부작용을 잘 보여준다. 나르시시즘이 심한 사람들은 그렇지 않은 사람들에 비해 외모, 성격 등 자신의 특질에 대해 훨씬 긍정적으로 평가하며, 타인의 성과를 깎아내리면서까지 자신의 성취나 성과에 대해서 과장하는 경향이 있다(Gosling, John, Craik, & Robins, 1998). 물론 이러한 경향성은 스스로의 정신건강이나 대인관계에 부정적인 결과를 낳는다. 예컨대, 나르시시즘적인 성향이 강한 사람들은 그렇지 않은 사람들에 비해 대인관계가 피상적이고 친밀한 인간관계를 맺는데 어려움을 겪으며(Patalano, 1997), 주변으로부터의 호감도가 낮고 부정적인 평가를 주로 받는 것으로 나타났다(John & Robin, 1994; Robin & Beer, 2001). 한 종단 연구에 의하면, 이렇듯 나르시스트들이 자기 자신을 과도하게 긍정적으로 평가하는 것이 꼭 행복을 증가시키는 것은 아니라고 밝혀졌다(Zuckerman & O'Loughlin, 2009).

앞서 언급한 나르시스트들을 대상으로 한 연구 결과를 통해 알 수 있듯이, 현실을 과다하게 왜곡하면서 자기 자신을 긍정적으로 평가하는 것은 오히려 다양한 부작용을 낳을 수 있다. 이는 자기 자신의 삶을 건강하게 가꾸어 나가는데 도움이 되지 못할뿐더러 타인으로부터 고립을 초래하며 얼마 남지 않은 자신의 주변 사람들을 불행하게 만들 수 있다.

---

1 자기애가 특별히 강하며, 자기 자신이 타인보다 우월하고 특별하다고 믿는 성격 특징의 하나이다. 세간에는 '공주병,' '왕자병', '자뻑이 심한 사람' 정도로 알려져 있다. 사실 대부분의 사람들에게 이러한 나르시시즘적인 성향이 어느 정도 존재하며 일반적으로 큰 문제가 되지는 않는다. 하지만 강한 나르시시즘적 성향을 가진 사람들은 자신의 주변 사람에 대한 착취와 집착, 통제, 타인을 자신을 원하는 대로 길들이려는 가스라이팅 등의 행동을 보인다. 이러한 성향이 심한 경우, 정신병리학이나 임상심리학에서는 자기애적 성격장애라는 병명으로 진단하기도 한다.

3) '편향' 그 자체 보다는 '현실의 자기 자신으로부터의 도피'가 문제

이렇듯 자기고양편향의 상반된 효과에 대한 위와 같은 사회심리학 연구 결과는 우리에게 한 가지 중요한 질문을 제기한다. 그렇다면 자기고양편향은 어떨 때 우리 삶에서 긍정적인 역할을 하고 또 어떨 때 부정적인 역할을 하는 것일까?

역설적으로, 많은 긍정심리학 및 사회심리학 연구는 이러한 차이가 자기 자신에 대한 현실적이고 올바른 인식에서부터 자기고양편향이 비롯되었는가에 달려 있다고 이야기한다. 다시 말해, 자신을 실제보다 긍정적으로 인식하려는 편향 그 자체보다는 그 편향이 실제 자신의 모습을 바탕으로 적당한 수준에서 이루어졌느냐가 중요하다는 것이다. 앞서 정민이와 민석이의 사례에서 보았듯이, 정민이는 한 학기 여섯 과목의 수업을 충분히 들을 수 있는 능력이 있었으며 이러한 판단을 기반으로 스스로의 능력을 긍정적으로 추산하여 대외활동을 학기 내 활동에 추가하였다. 그리고 이는 긍정적인 성과로 이어졌다. 반면, 앞서 예시로 든 카푸어의 경우, 현실의 자기 능력 및 월수입은 전혀 고려하지 않은 채 '명품차'를 보유한 자기 자신이라는 이미지와 욕망에만 심취하여 명품차를 구입하였고, 이는 결국 빚더미와 파산이라는 최악의 결과로 이어졌다.

한편, 자기고양편향의 부정적 결과의 예시로 언급한 나르시스트들의 사례 역시 자기 자신에 대한 객관적이고 현실적인 인식이 중요하다는 사실을 보여준다. 여러 연구결과에 따르면, 스스로를 남들보다 더 잘나고 우월하다고 생각하는 나르시스트들은 마음 깊숙한 곳에는 스스로에 대한 혐오가 자리 잡고 있다. 이들은 겉으로는 자신을 사랑하며 자존감이 높은 듯 행동하지만 사실 이들의 자존감은 깨지기 쉬운 유리그릇처럼 상황에 취약하며 안정적이지 못하다 (Zeigler-Hill, 2006). 따라서 이들이 내세우는 '우월하고 뛰어난 나'의 이미지는 자기 자신에 대한 객관적이고 바른 인식이 아니라 혐오에 바탕을 둔 자기 부인에서 기인한다. 다시 말해, 현실의 초라한 나를 감추기 위해 거짓된 자기 자신을 내세우고 진정한 자신은 의도적으로 배제하는 것이다. 이렇듯 현실로부터의 도피에 기반을 둔 자기고양편향은 개인의 삶을 불행하게 만들고 타인으로부터의 고립을 자초하며 주변 사람들까지 불행하게 만들곤 한다.

4. 조하리의 창(The Johari window)

이제껏 살펴본 자기고양편향과 나르시시즘에 대한 사회심리학적 연구 결과는 사람들이 자기 자신을 어떻게 평가하는지에 대해 두 가지 중요한 사실을 알려준다. 첫째, 사람들은 자기 자신을 객관적인 자기보다 더 긍정적으로 평가하려는 경향이 있다는 것이다. 둘째, 이러한 긍정적 자기 평가가 올바르고 현실적인 자기 판단에 근거할 때, 우리의 삶은 더 나아지고 행복해지며 풍요로워진다는 것이다. 그렇다면 객관적인 자기 자신에 대한 이해를 넓히기 위해 우리는 무엇을 할 수 있을까?

조하리의 창은 심리학자 조셉 루프(Josepht Luft)와 하리 잉햄(Harry Ingham)이 고안한 자기 자신을 이해하기 위한 분석 틀이다. 원래 이 기법은 커뮤니케이션 분석 틀로 고안되었으나 자신을 이해하기 위한 틀로도 많이 사용되고 있다. 조하리의 창은 <표 2-1>과 같이 '자기가 바라보는 나'와 '타인이 바라보는 나'의 두 축을 기준으로 자신과 타인의 관점을 고려할 수 있게 고안되었다. 각 사분면은 각각 '열린 창', '보이지 않는 창', '숨겨진 창', '미지의 창'의 사분면으로 구성되어 있다.

1) 열린 창(Open area)

열린 창은 나와 타인 모두에게 개방된 나 자신의 모습이다. 일반적으로 나의 외양, 내가 타인을 만날 때 드러내는 나의 행동, 지식, 기술, 태도 혹은 타인과 공유된 경험과 같은 요소들이 열린 창에 포함된다. 가장 이상적인 조하리의 창은 바로 <표 2-2>와 같이 '열린 창'의 부분이 넓은 경우이다. 이 경우 자기에 대한 이해와 타인의 이해가 겹치는 부분이 많기 때문에 자기 자신에 대해 보다 객관적으로 잘 이해하고 있는 경우라고 볼 수 있다.

2) 보이지 않는 창(Blind area)

보이지 않는 창은, 나는 잘 모르나 타인은 알고 있는 나의 부분이다. 대다수의 사람들에게 스스로에 대해 잘 모르는 자신만의 특징이 있는 경우가 많다. 이는 개인의 무의식적인 버릇일 수도 있고 성격적 측면일 수도 있으며 개인이 잘 인

<표 2-1> 조하리의 창

	자신이 아는 부분	자신이 모르는 부분
타인이 아는 부분	**열린 창** (Open area)	**보이지 않는 창** (Blind area)
타인이 모르는 부분	**숨겨진 창** (Hidden area)	**미지의 창** (Unknown area)

출처: Luft, J., & Ingham, H. (1955). *The Johari window, a graphic model of interpersonal awareness*. Proceedings of the western training laboratory in group development.

<표 2-2> 이상적인 조하리의 창

	자신이 아는 부분	자신이 모르는 부분
타인이 아는 부분	**열린 창** (Open area)	**보이지 않는 창** (Blind area)
타인이 모르는 부분	**숨겨진 창** (Hidden area)	**미지의 창** (Unknown area)

지하지 못하는 자신만의 약점이거나 혹은 강점일 수도 있다. 이러한 보이지 않는 창의 영역을 줄이는 것은 자기 자신에 대한 올바른 이해를 증진시키는 데 핵심적인 역할을 한다. 나를 잘 아는 주변의 타인으로부터 진솔한 피드백을 통해 보이지 않는 창의 영역을 줄이고 열린 창을 넓히는 방향으로 나아갈 수 있다.

3) 숨겨진 창(Hidden area)

숨겨진 창은 나는 잘 알지만 타인은 잘 모르는 나의 부분이다. 누구에게도 말하지 않은 비밀이나 사적인 생각과 감정 등이 이 영역에 해당한다. 이러한 숨겨진 창은 누구에게나 존재하며 타인이 알지 못하는 감춰두고 싶은 자신만의 모습이 있는 것은 너무나 당연한 일이다. 하지만 이러한 숨겨진 창이 지나치게 크다면 주변 사람들로부터 신뢰를 잃는 등 대인관계에 있어 문제가 생길 수 있다.

4) 미지의 창(Unknown area)

마지막으로 미지의 창은 자신과 타인 모두 잘 모르는 자신의 부분이다. 미지의 창은 보통 나이가 어리거나 경험이 미성숙할 때 큰 부분을 차지하다가 자신에 대해 점점 탐색하게 되고 또 인간관계가 점점 넓어지면서 이 부분은 점점 줄어들게 된다. 다만 성인이 되고 어느 시점이 지난 이후에도 미지의 창의 영역이 여전히 넓다면 자기 자신에 대해 지속적으로 탐색해보고 또 전문가의 도움을 구하는 등 자기 자신을 객관적이고 올바르게 알려는 노력이 필요하다.

나에 대한 자기-타인 평가 차이점 살펴보기 (자기 버전)

자기 버전

아래 제시된 각각의 형용사 쌍과 관련하여, 여러분 자신의 모습을 가장 잘 나타내는 정도를 아래에 표시하시오.

(왼쪽 항목) 확실히 그렇다			어느 쪽도 아니다			(오른쪽 항목) 확실히 그렇다
-3	-2	-1	0	1	2	3

1. 나쁜 — 좋은
2. 작은 — 큰
3. 추한 — 아름다운
4. 차가운 — 부드러운
5. 약한 — 강한
6. 불안한 — 침착한
7. 무가치한 — 가치있는
8. 슬픈 — 기쁜
9. 우둔한 — 총명한
10. 까다로운 — 온순한
11. 긴장을 잘하는 — 편안한
12. 겁이 많은 — 용감한
13. 우유부단한 — 분명한
14. 소극적인 — 적극적인
15. 무딘 — 섬세한
16. 조용한 — 사교적인
17. 즉흥적인 — 계획적인
18. 준비성이 부족한 — 준비성이 철저한
19. 스트레스에 취약한 — 스트레스에 무딘
20. 수동적인 — 능동적인

나에 대한 자기-타인 평가 차이점 살펴보기 (타인 버전)

타인 버전

우선, 여러분을 잘 안다고 생각하는 주변인 한 명을 선정하시오. 그 후 아래 제시된 각각의 형용사 쌍과 관련하여, 여러분이 선정한 주변인이 여러분의 모습을 가장 잘 나타내는 정도를 아래에 표시하게 하시오.

(왼쪽 항목) 확실히 그렇다			어느 쪽도 아니다			(오른쪽 항목) 확실히 그렇다
- 3	- 2	- 1	0	1	2	3

1. 이기적인 — 이타적인
2. 작은 — 큰
3. 추한 — 아름다운
4. 차가운 — 부드러운
5. 약한 — 강한
6. 불안한 — 침착한
7. 무가치한 — 가치있는
8. 슬픈 — 기쁜
9. 우둔한 — 총명한
10. 까다로운 — 온순한
11. 긴장을 잘하는 — 편안한
12. 겁이많은 — 용감한
13. 우유부단한 — 분명한
14. 소극적인 — 적극적인
15. 무딘 — 섬세한
16. 조용한 — 사교적인
17. 즉흥적인 — 계획적인
18. 준비성이 부족한 — 준비성이 철저한
19. 스트레스에 취약한 — 스트레스에 무딘
20. 수동적인 — 능동적인

조하리의 창을 통한 자기 이해 넓히기

지시문

조하리의 창을 활용하여 나와 나를 잘 아는 타인이 어떻게 나에 대해 생각하는지에 대해 알아봅시다.

1. 아래 표에는 개인의 특징에 대해 기술하는 47개의 형용사가 포함되어 있습니다. 이 중 자신을 잘 나타낸다고 생각하는 형용사를 모두 고르시오.

2. 나를 잘 안다고 생각되는 타인을 정하고, 그 타인에게 자신을 가장 잘 나타낸다고 생각하는 형용사를 고르게 하시오.

발랄한	지적인	센스가 있는	도움을 잘 주는
이성적인	외향적인	검소한	타인을 잘 신뢰하는
아는 게 많은	에너지가 넘치는	기발한	조용한
용감한	체계적인	독립적인	성숙한
긴장을 잘하는	자신감 있는	종교적인	사랑이 넘치는
자부심이 있는	적응을 잘하는	행복한	부끄럼이 많은
힘찬	강단이 있는	복합적인	친절한
지혜로운	현실적인	공감하는	베풀기를 좋아하는
관찰력 있는	차분한	엉뚱한	수용적인
내향적인	따뜻한	이상적인	영리한
걱정이 많은	감성적인	잘 참는	친근한
자기반성을 잘하는	의지할만한	웃긴	

3. 오른쪽 2-2 별지에 내가 선택한 형용사와 내가 잘 아는 타인이 선택한 형용사를 활용하여, <표 2-1>을 참고해 조하리의 창을 그리며, 유사점과 차이점이 있다면 이에 대해 대화를 나누시오.

나에 대한 자기-타인 평가 차이점 살펴보기 (서술)

나에 대한 설문 척도와 조하리의 창을 활용한 자기와 타인의 평가에서, 어떤 부분에서 유사성이 있었는지, 어떤 부분에서 차이점이 있었는지에 대해 쓰고 이 활동을 통해 무엇을 느꼈는지에 대해 쓰시오.

3강

자아정체성

> "The most difficult thing in life is to know yourself."
>
> "살면서 가장 어려운 일은 자기 자신에 대해 아는 것이다."
>
> - 탈레스(Thales)

사람을 대하고 만나는 직종에 종사하는 전문가들이 흔히 하는 이야기 중 하나가 '꽤 많은 사람들이 의외로 자신이 정말 무엇을 좋아하는지, 어떤 것에 가치를 두는지를 잘 모른다'는 것이다. 다시 말해 많은 사람들이 스스로에 대해 잘 알지 못한다. 만약 시간과 자원이 무한하여 내가 원하는 모든 것을 가질 수 있고 또 할 수 있는 세상에 산다면 내가 정말 무엇을 좋아하는지, 어떤 것에 가치를 두는지에 대해 깊이 고민할 필요 없이 하나씩 해보면 될 것이다. 하지만 우리의 삶과 재화는 한정되어 있기에, 결국 내가 무엇을 하며 어떻게 살아야 할지에 대해 우리는 선택을 해야 한다. 다만, 인생에서 내 앞에 놓인 다양한 선택지는 종종 모두 그 나름의 장단점이 있기에 이러한 선택이 늘 쉽지만은 않다. 어떤 선택이 나에게 좋은 선택일까? 더 나아가, 나는 진정으로 무엇을 원하고 무엇을 추구하며 살아가고자 하는가? 이는 이번 강에서 배울 자아정체성과 관련된 핵심적인 질문이다. 본 강에서는 자아정체성, 특히 자아정체성이 확립되었을 때 개인은 어떤 특징을 보이는지, 확립된 자아정체성이 우리 삶에 어떤 기능을 하는지, 또 어떤 발전단계를 거치는가에 대해 논의하고자 한다.

1. 자아정체성이란?

사회심리학자 박선웅(2022)은 자아정체성을 '자신에게 중요한 것이 무엇이고, 자신에게 의미 있는 일이 무엇인지를 이해하고, 이를 바탕으로 삶의 방향에 대해 결단을 내린 정도'로 정의했다. 이를 바탕으로 살펴보면, 자아정체성은 1) 자기 인식, 2) 삶의 의미, 3) 삶의 지침이라는 세부 구성 요소로 나뉜다고 볼 수 있다. 이 세 가지 요인은 각기 독립된 요인이라기보다는 서로 유기적으로 맞물려 있다.

1) 자기 인식(Self-awareness)

우리 개개인은 모두 자신만의 개성과 오롯한 삶의 경험, 가치관을 가지고 있으며, 자아정체성의 확립은 자기에 대해 정확히 인식하는 것으로부터 비롯된다. 내가 중요하게 생각하는 것이 무엇인지, 어떤 가치관이 옳다고 생각하는지, 어떤 경험이 나를 행복하게 혹은 불행하게 하는지, 내가 어떤 일을 잘 할 수 있으며 또 어떤 일에 의미를 느끼는지 등 자신에 대해 어느 정도의 종합적인 이해가 있어야 이를 바탕으로 본인의 삶의 의미를 찾아나가고 삶의 전반적인 지침을 설정하며 이에 맞추어 인생을 주체적으로 설계해 나갈 수 있다.

중요한 것은 이러한 자기 인식(Self-awareness)의 원천이 외부로부터의 주입이 아니라 내부로부터의 성찰에서 비롯되어야 한다는 것이다. 자기 인식과 관련된 사회심리학적 연구에 의하면, 자기 인식은 크게 내부적 자기 인식(private self-awareness)과 외부적 자기 인식(public self-awareness)의 두 종류로 나뉜다(Froming, Walker, & Lopyan, 1982). 내부적 자기 인식은 자기 인식을 위한 정보의 출처가 내부에서 비롯되는 경우이다. 예컨대, 개인이 어떤 상황에서 어떤 감정을 느끼는지, 어떤 생각을 주로 하는지, 무엇을 하는 것을 좋아하는지 등에 대한 정보를 스스로에 대해 탐색함으로써 얻는다면 이는 내부적 자기 인식에 해당한다. 한편, 외부적 자기 인식은 자기 인식을 위한 정보의 출처가 외부에서 비롯되는 경우다. 예컨대, 현재 고등학교 1학년인 유도지는 아주 어릴 때부터 부모님으로부터 "너는 나중에 무조건 의대를 간 뒤 의사가 되어야 해. 다른 직업은 생각도 하지 마. 또 의대에 가기만 하면 원하는 차도 사주고 명품 시계도 선물해 주고 원하는 것 다 해줄게"라고 말을 지속적으로 듣고 자라 자연스럽게 의대에 가는 목표를 세웠다. 이 경우, 유도지의 의대 진학이라는 목표의 출처는 '부모님의 기대와 금전적인 보상'이라고 하는 외부적 요인에 있다고 볼 수 있다. 이 경우, '의사가 된다'는 목표가 유도지의 자아정체성의 한 부분이라고 보기는 어렵다.

한편, '의사가 된다'는 동일한 목표를 가진 허준이라는 다른 1학년 고등학생은 어릴 때부터 타인에게 도움을 주는 삶을 살고 싶다는 생각을 했고 어떤 진로를 결정하면 보람을 느낄 수 있을지에 대해서 꾸준히 고민했다. 그 결과 허준은 의사가 되어 아픈 사람들을 돕는 삶에서 보람을 느끼며 살 것이라는 결론에 도달했고, 의사가 되기 위한 목표를 세웠다. 허준의 경우 '의사가 된다'라는 목표의 내용은 유도지와 같을지라도 그 목표를 갖게 된 출처가 내부에 있다. 이 경우 '의사가 된다'는 목표는 허준의 자아정체성에서 중요한 부분이라고 할 수 있다. 혹자는 '의사가 된다'는 목표는 유도지와 허준 모두에게 동일한데, 그 목표가 자아정체성의 일부분인지 아닌지의 여부가 실질적으로 중요한 문제인지 의문을 가질 수 있다. 특정 목표가 확고한 정체성으로부터 비롯되었는지의 여부는 중요한 문제이며, 왜 그런지에 대해서는 이후에 다루도록 하겠다.

2) 삶의 의미(Meaning of life)

인생이 늘 평탄한 것은 아니며, 대부분의 사람들은 비록 정도의 차이는 있을지라도 삶의 과정에서 크고 작은 굴곡을 경험한다. 역경에 부딪혔을 때, 이를 받아들여 인생의 하나의 값진 경험으로 환원해 낼 수 있는지의 여부는 이후의 삶을 건설적으로 살아가는 데 핵심적인 역할을 한다. "왜 살아야 하는지 아는 사람은 그 어떤 상황도 견딜 수 있다"고 이야기한 니체의 말처럼, 삶의 의미는 다양한 삶의 경험을 하나의 일관된 경험으로 통합하고 재해석하는 데 핵심적인 역할을 한다.

사회심리학자 로라 킹(Laura King)은 심리적 경험으로서의 삶의 의미(Meaning in life)에 영향을 끼치는 주요 요인으로 '통합성(Coherence)', '목적성(Purpose)', '존재론적 의미(Significance)'를 제시한 바 있다(King & Joshua, 2022). 이를 풀어보면, 삶의 다양한 경험이 자기 안에서 하나의 일관된 형태로 통합되어 있을수록, 삶을 전반적으로 관통하는 목적이 있을수록, 또 삶에서 자신이 주관적으로 의미 있고 중요한 비중을 차지한다고 인식할수록 개인이 경험하는 삶의 의미감은 높아진다는 것이다.

확고한 자아정체성은 내가 누구인지, 나의 신념은 무엇인지, 내가 추구하는 바는 무엇인지에 대해 명료한 인식을 제공해 준다. 이러한 인식은 개인이 다양한 경험을 일관된 형태로 통합하고, 삶의 목적의식을 높이며, 내 삶의 존재 이유를 유지하는 데 핵심적인 역할을 함으로써, 삶의 의미감을 높이는 결과로 이어진다. 이렇게 높아진 삶의 의미감은 다시 개인의 정체성에 부합하는 목표와 활동을 추구하는 방향으로 개인을 동기화함으로써 더욱 높은 삶의 의미감으로 이어지는 선순환 구조로 이어질 수 있다.

3) 삶의 지침(Guidelines for life)

인생에는 정답은 없다는 말처럼, 우리 모두는 각자가 처한 환경과 개개인이 추구하는 가치관에 따라 다르게 삶을 그려나간다. 삶의 지침 혹은 가치판단의 기준은 자아정체성을 구성하는 중요한 요인으로, 확고한 자아정체성을 가진 사람들은 그렇지 않은 사람들에 비해 견고한 자신만의 삶의 가치관과 지침을 보유하고 있는 경향이 있다. 그리고 이는 특히 인생에서 예기치 않은 어려움에 부딪혔을 때 삶을 보다 건설적으로 이끌어주는 등불과 같은 역할을 한다.

앞선 유도지와 허준의 사례에서, 이 둘은 '의사가 된다'는 동일한 목표를 가지고 있지만, 그 목표의 출처는 다르다. 유도지의 경우 '부모님의 기대와 금전적 보상'이 의사가 되고자 하는 목표를 세우게 된 원인이라면 허준의 경우 '다른 사람을 돕는 삶을 살고 싶다는 소망과 스스로 보람을 느낄 수 있는 일에 대한 성찰'이 그 원인이었다. 다만, 현실적으로 의대에 가는 것은 어렵다. 유도지와 허준 모두 고등학교 기간 내내 열심히 공부했으나 의대 진학에 실패하고 재수, 삼수, 사수, 오수를 선택했으나 의대 진학에 실패하고 말았다. 엎친 데 덮친 격으로 자영업을 하시던 부모님의 사업 형편이 어려워져 유도지와 허준 모두 더 이상 수능 공부를 지속할 수 없는 상황에 처했다. 이 상황에 대한 유도지와 허준의 태도는 어떻게 차이가 날까?

유도지가 의대를 가고자 하는 이유는 '부모님의 기대와 금전적 보상'이었다. 의대 진학이 불가능하게 된 현시점에서 유도지는 부모님의 기대를 충족시키지 못하게 되었다. 금전적 보상이라는 목표 역시 가세가 기욺으로 인해 충족되지 못하게 되었다. 이 상황에 대해 유도지와 허준은 어떻게 반응하겠는가? 유도지와 허준 모두 아마 당장은 부모님께 죄송하다는 마음과 함께 스스로에 대한 죄책감이 느낄 것이다. 또, 노력이 목표 달성이라는 결과로 나타나지 않은 현실에 좌절할 것이다. 시간이 어느 정도 흘러 이러한 마음이 가라앉은 후에도 유도지는 여전히 혼란스럽다. 의대 진학이라는 목표 하나만을 위해 매진해 왔는데, 현실적으로 남은 것은 고등학교 졸업장 뿐이다. 자기 친구나 또래들은 군대를 다녀왔거나 빠른 친구들은 이미 대학교 졸업을 앞두고 취업을 준비하기 시작했다. 무엇보다 가장 불안한 것은 도무지 이제부터 무엇을 해야 할지 모르겠다는 사실이다. 왜냐하면 의대 진학이라는 목표는 처음부터 유도지가 주체적으로 성찰하고 결정한 목표가 아니었기 때문이다.

허준은 다르다. 허준에게 의대 진학은 '다른 사람을 돕는 삶을 살고 싶다는 소망과 스스로 보람을 느낄 수 있는 일에 대한 성찰'이라는 삶의 목적을 위한 수단이었다. 허준은 생각한다. 의대 진학이 불가능해진 지금의 이 시점에서 어떤 일을 하면 내가 추구하는 삶을 살 수 있을까? 비록 의대 진학은 실패했지만, 허준에겐 지난 8년간 열심히 수능 공부한 노하우가 있으며 점수도 꽤 높았다. 허준은 생각한다. 이 점수면 충분히 이과 계열의 다른 학과는 노려볼 수 있다고. 충분한 고민 끝에 그는 약대에 지원하기로 결정한다. 약사가 되어 질 좋은 약을 사회적 약자들에게 다소 저렴하게 공급하고 지역사회에 건강 지식을 전파하며 살아가는 것도 충분히 의미 있는 삶이라고 생각했기 때문이다.

'의대 진학'이라고 하는 목표 달성이 불가능해진 상황에서 무엇이 이 둘의 이후 삶의 태도를 갈라놓았는가? 유도지에게는 목표만 있었을 뿐 그 목표를 추구하게 된 자기만의 삶의 지침이 없었다. 따라서 목표 달성이 불가능해진 상황에서 그는 길을 잃어버렸다. 반면 허준에게는 목표뿐 아니라 그 목표의 근거로서의 명확한 삶의 지침이 있었다. 의대 진학은 수단에 불과했기에, 그 삶의 지침을 토대로 달라진 현실 속에서 다른 목표를 세우고 이를 향해 계속 나아갈 수 있었다. 이는 유도지와 달리 허준에게는 확고한 정체성이 있었기 때문이다.

2. 관련 개념(자기개념 vs 자아정체성)

만약 누군가가 '당신은 누구입니까?'라고 묻는다면 무어라 대답할 것인가? 부모님의 아들 혹은 딸? ○○대학교 학생? 나의 전공? 나의 신체적 특징? 나의 가치관? 혹은 누군가의 남자친구 혹은 여자친구?

앞서 1강에서 다룬 '자기개념'에 대해 기억하고 있는가? 자기개념에 대해 다시 한번 되짚어 보며, 자기개념이 자아정체성과 어떤 유사성과 차이점이 있는지 비교해 보도록 하자.

우리 모두는 자신에 대한 다양한 개념을 가지고 있다. 예컨대 '평범한 3남매 가정의 장녀', '기타를 취미로 연주하는 ○○학과 학생', '매력적인 여성' 등은 모두 나를 구성하는 많은 요소들 중 일부이다. 이러한 관념은 신체적 특징이 될 수도, 사회적 관계에서의 역할일 수도, 내가 좋아하는 취미일 수도, 내가 중요하게 생각하는 가치관일 수도 있다. 사회심리학에서는 이렇듯 개인이 자기 자신에 대해 가지는 신념을 자기개념이라 한다.

자아정체성과 자기개념은 둘 다 자기 자신에 대한 신념의 일부분이라는 측면에서 유사성이 있다. 예컨대 누군가가 자신을 '사회문제에 관심이 많은 청년'이라고 자신을 소개한다면, 이는 청년이 자기 자신에 대해 가진 신념에 속하며, 이는 자기개념이자 자아정체성의 구성 요소인 자기 인식의 내용 중 하나가 된다. 다만, 자아정체성과 자기개념 간에는 '우선순위', '일관성', '삶의 방향성'이라는 세 가지 측면에서 차이점이 존재한다(박선웅, 2022).

1) 우선순위

자기개념이 자신을 구성하는 수많은 내용에 대한 단순한 기술이라면 자아정체성에는 분명한 우선순위가 존재한다. 예를 들어, 위에서 소개한 '평범한 3남매 가정의 장녀', '기타를 연주하는 취미', '매력적인', '○○학과 학생'이라는 각각의 정보는 자기개념으로서 단일한 정보가를 갖는다. 다시 말해, 이 모든 내용은 한 개인에 대한 특징을 기술하고 있다. 하지만, 이러한 각각의 내용 안에서 개인이 중요하게 생각하는 우선순위는 다를 수 있다. 자아정체성이 확고한 사람들은 자신을 구성하는 많은 내용 중 무엇이 중요하고 덜 중요한지에 대한 우선순위를 확립해 두는 경향이 있다.

2) 일관성

만약 개인이 자신의 삶에서 무엇이 더 중요하고 덜 중요한지에 대한 우선순위를 확립해 두었으면, 우선순위와 일치하는 방향으로 의사결정이 자연스레 나타나게 된다. 위의 사례에서 만약 '기타를 연주하는' 자신으로서의 정체성이 강하다면, 학과 수업보다는 기타 연주와 관련된 동아리 활동이나 관련 경험에 자신의 시간과 노력을 더욱 투자할 것이다. 이에 반해, '○○학도'로서의 정체성이 강하다면, 학과 수업에 더욱 열중할 것이며, 추가적으로 전공 관련 지식을 습득하는데 더욱 많은 시간과 노력을 투자할 것이다. 이렇듯 명확한 자아정체성은 이와 일관된 방향으로 개인을 유도함으로써, 삶의 내용을 일관적이고 조화롭도록 형성하는 데 중요한 역할을 한다.

3) 삶의 방향성

자기개념을 구성하는 정보들은 내가 인식하는 나와 관련된 수많은 정보의 집합체일 뿐, 자기개념에는 삶에 대한 가치 기준이나 방향성이 내포되어 있지 않다. 예컨대, '○○학과 학생'이라는 자기개념은 단순히 현재 나의 대학 전공이 ○○학임을 의미할 뿐, 이 전공이 내 삶의 의미나 내가 살고자 하는 삶의 청사진과는 무관하다. ○○학에서 흥미와 의미를 느끼는 ○○학과 학생도, 그렇지 못하고 전과를 준비하고 있는 학생도 '○○학과 학생'으로 자신을 인식할 것이다. 후자의 경우, 성공적으로 전과를 하게 되면 더 이상 그 학과의 학생이 아니게 될 것이다.

이와 달리 자아정체성에는 추구하는 삶에 대한 방향성이 내포되어 있다. 자신의 전공 공부가 개인에게 중요하고 또 의미 있다는 사실을 인식한 학생은 '○○학과 학생'으로 명확히 자신을 정의하고 있을 것이며, 이는 전공 공부에 대한 높은 열정과 투자, 관련 소모임 활동, 전공 연구실에서의 연구보조원 활동 등으로 이어질 수 있고, 전공 관련 대학원 진학이라는 진로 선택으로 이어질 수 있다. 즉 확고한 자아정체성이 삶의 지침의 역할을 함으로써, 삶의 태도, 의사결정, 진로 등에 영향을 미치게 되는 것이다.

3. 자아정체성의 기능 및 역할

확고한 자아정체성을 확립한 사람들은 그렇지 않은 사람들과 비교해 볼 때 삶의 많은 측면에서 차이를 보인다. 이는 자아정체성의 기능과도 연결된 부분이라 할 수 있다. 사회심리학 연구는 자아정체성이 크게 아래와 같은 역할을 한다고 밝히고 있다.

역경에 대한 회복탄력성(Resilience in face of adversity) 자아정체성은 삶의 크고 작은 어려움을 딛고 나아갈 수 있는 회복탄력성을 제공한다. 확고한 자아정체성을 지닌 사람은 그렇지 않은 사람들에 비해 어려움을 더 잘 극복하며 의미를 발견하고 이를 앞으로 나아가기 위한 양분으로 삼는다. 이를 통해 삶의 역경은 종종 개인의 자아정체성을 더욱 강화하는 계기로 작용하기도 한다.

개인의 성장(Personal growth) 자신에 대해 명확한 정체성을 지니는 것은 자신의 성장을 위해 어떤 부분이 필요한지에 대해 높은 이해를 지니고 있다는 것을 의미한다. 자신의 강점과 약점에 대한 이해를 바탕으로, 개인은 강점을 더욱 키우고 단점은 보완하는 방향으로 자신을 성장시킬 수 있다. 이러한 자기 성장은 자기실현의 중요한 수단으로서 보다 명확한 자아정체성을 확립하는 데에도 기여한다.

진정성에 기반을 둔 관계 추구(Authentic relationships) 진정성에 기반을 둔 관계는 자신과 타인에 대한 높은 상호이해와 수용을 바탕으로 한다. 명확한 자아정체성은 자기 자신과 타인을 있는 그대로 이해하고 수용할 수 있도록 촉진하고, 이에 대해 타인 역시 진정성 있게 반응하게 됨으로써, 보다 진정성 있고 의미 있는 관계를 추구하도록 돕는다.

의사결정(Decision-making) 확고한 자아정체성을 지닌 사람들은 자신의 삶에서 무엇이 더 중요한지에 대한 명확한 지침 및 가치관을 가지고 있으며, 이는 다양한 의사결정을 간소화하는 역할을 한다. 이들은 일상생활에서 진정한 자기 자신의 모습에 부합하는 방향의 의사결정을 하며, 이는 개인의 삶을 더욱 일관되고 풍요롭게 만든다.

심리적 안녕감(Well-being) 명확한 자아정체성을 지닌 사람들은 그렇지 않은 사람들에 비해 일상생활에서 높은 수준의 심리적 안녕감과 삶의 만족감을 느낀다. 이는 자아정체성이 개인에게 의미 있는 경험을 추구하도록 하는 토대로 기능하기 때문이다.

4. 자아정체성 발달

자아정체성은 개인의 경험, 가족 환경, 타인과의 관계, 문화적 배경, 사회적 맥락 등 다양한 요소의 영향을 받아 형성되며, 한 번 형성된 이후에도 이후의 경험 및 환경과의 상호작용에 따라 끊임없이 변화한다. 자아정체성이 '상태'나 '특성'이 아니라 '정도'로 정의된 것은 자아정체성의 이러한 변화적 속성이 반영된 것이라 할 수 있다. 사회심리학 연구는 자아정체성의 발달에도 일반적인 단계가 존재한다는 사실을 밝히고 있는데, 이러한 자아정체성의 발달과 관련된 유명한 이론으로는 에릭 에릭슨(Erik Erikson)의 심리사회이론(Psychosocial theory)과 제임스 마샤(James Marcia)의 정체성 지위 이론(Identity status theory)을 들 수 있다.

1) 에릭 에릭슨의 심리사회이론(Psychosocial theory)

에릭슨은 자아정체성의 발달이 전 생애를 걸쳐 일어난다고 보았으며 이를 크게 여덟 가지 단계로 나누었다. 각 단계에는 그 시기의 생애과정과 밀접히 연관된 '발달과업(Developmental task)'이 존재하며, 이 과업을 성공적으로 완수하기 위해 필수적으로 경험해야 하는 일들이 있다고 주장하였다. 적절한 경험을 통해 발달과업이 성공적으로 완수되면 건전한 방식으로 정체성 형성이 이루어지지만, 그렇지 못하면 개인의 정체성은 다음 단계로 나아가지 못하고 그 단계에 머물게 된다. 이 경우, 개인은 심리적으로 건강한 상태에 놓이지 못하게 된다. 다만, 이후의 생애과정에라도 적절한 경험을 한다면 이전 단계의 발달과업이 완료되고 다음 단계로 넘어갈 수 있다. 각 생애과정에 따른 발달과업과 또 이를 성공적으로 수행하기 위한 필수경험은 아래 <표 3-1>과 같다.

<표 3-1> 에릭슨의 심리사회적 발달 단계

생애과정	발달과업	필수경험
0-1세	신뢰감 vs 불신감	기본적 욕구 충족
2-3세	자율성 vs 수치심	적절한 수준의 자율성
4-6세	주도성 vs 죄책감	적절한 수준의 통제 및 관여
7-11세	성실성 vs 열등감	노력에 대한 성취
12-18세	정체성 vs 역할혼돈	정체성 탐색
19-39세	친밀감 vs 고립감	타인과의 친밀감 및 관계 형성
40-64세	생산성 vs 침체감	공동체에 대한 기여 및 소속감
65세 이상	자아통합감 vs 절망감	통합감, 의미

출처: Ericson, E. H. (1982). *The life cycle completed: A review*. NY: Norton.

1단계(0-1세) 심리사회적 발달의 첫 번째 단계는 생후로부터 대략 1세 사이의 시기로, 에릭슨에 의하면 이 시기의 가장 중요한 발달과업은 신뢰감(vs 불신감)의 형성이다. 이 시기의 영아는 혼자서는 아무것도 할 수 없는 무력한 상태로 태어나며, 기본적인 생리적, 심리적 욕구를 타인을 통해서 해결할 수 밖에 없다. 주 양육자로부터 이러한 욕구가 일관적으로 충족되게 되면 영아는 세상이 믿을 수 있는 곳이라는 신념인 신뢰감을 형성하게 된다. 반면 이러한 욕구가 일관적으로 충족되지 못하게 되면 세상에 대한 불신감이 형성되게 된다. 이때 불신감이 형성되면 향후 타인과의 애정과 신뢰 관계 형성에 크게 어려움을 겪게 된다. 이 시기가 지난 이후에도 지속적인 노력을 통해 신뢰감의 회복이 가능하긴 하지만 이를 위해 훨씬 많은 노력이 요구되기에 이 시기에 신뢰감을 잘 형성하는 것이 중요하다.

2단계(2-3세) 심리사회적 발달의 두 번째 단계는 생후로부터 대략 2-3세 사이의 시기이다. 이 시기의 유아는 걷고 말하기 시작하는 등 어느 정도 신체적 발달을 경험하며, 이를 통해 자신의 주변 세상을 스스로 조금씩 탐색해 나가고 한계를 경험하게 된다. 에릭슨은 이 시기의 가장 중요한 발달과업을 자율성

(vs 수치심)으로 보았다. 이 시기 주 양육자는 최대한 안전한 환경을 조성하면서 아동의 탐색을 최대한 장려해야 한다. 이러한 탐색 경험은 자율성의 형성으로 이어지게 된다. 만약 이때 양육자가 아동의 탐색 경험을 지나치게 억제하거나 통제하면 아동에게는 수치심이 형성되게 된다.

3단계(4-6세) 이전 발달 단계에서 세상에 대한 신뢰감과 스스로에 대한 자율성이 잘 형성되었다면, 이 시기의 아동은 일상생활에서 적극적으로 다양한 활동을 주도하려 한다. 이 시기의 가장 중요한 발달과업은 주도성(vs 죄책감)으로, 이러한 주도적 활동 경험을 충분히 한 아이들은 앞으로의 삶을 적극적이고 주도적으로 살아갈 수 있는 기본적인 태도를 학습한다. 그렇기에 주 양육자는 이러한 주도적 활동을 최대한 격려하고 실수에 대해서 심하게 야단치지 않는 것이 좋다. 만약 이때 주 양육자의 과도한 개입으로 주도적 활동 경험의 의욕이 꺾이게 된 아동들은 주도성 대신 죄책감을 학습하게 된다.

4단계(7-11세) 이 시기는 아동기의 후반기에 해당하는 시기로, 이 시기의 아동들은 학교생활을 시작하는 등 본격적으로 학업과 또래 활동을 시작하고 개인의 외연을 확장해 나간다. 이 시기 가장 중요한 과업은 성실성(vs 열등감)이다. 이 시기에 요구되는 다양한 과제를 성공적으로 수행하는 아동들은 자신의 능력에 대해 자신감을 얻고 이를 바탕으로 더욱 어려운 과제들에 도전하며 스스로를 성장시켜 나간다. 또한 이러한 성공 경험은 아동들이 성실성을 획득하는 중요한 원천이 된다. 한편 그렇지 못한 아동은 성공적인 아동과 자신을 비교하며 열등감과 자기 회의감을 느끼게 된다.

5단계(12-18세) 이 시기는 개인이 청소년기에 접어들게 되는 시기로, 보다 고차원적이고 추상적인 인지가 이 시기부터 가능해진다. 이때부터 개인은 스스로의 태도와 행동에 대해 반추하고, 본격적으로 자신이 누구인지, 삶의 의미와 목적이 무엇인지에 대해 고민하게 된다. 이 시기 개인은 외모, 진로, 교육, 흥미, 또래 및 이성관계, 성적 지향, 사회정치적 관점 등 다양한 문제에 대해 고민하게 된다. 에릭슨은 이 시기가 삶에서 가장 불안정한 시기로, 많은 청소년들이 정체성을 탐색하면서 자기 자신이 누구인지에 대한 결정을 보류하고 대안적인 탐색을 지속하는 심리적 유예기(psychological moratorium)를 경험한다고 주장하였다. 이때의 발달과업은 정체성(vs 역할혼돈)으로 이러한 탐색을 통해 통합적인 자기 인식을 이루어 낸 청소년은 어느 정도 자아정체성을 획득하게 되지만, 이에 실패한 청소년은 역할 혼동을 경험하게 된다. 다만, 최근의 연구에 따르면 이 시기에 자아정체성을 획득하는 경우는 소수에 불과하고 대다수의 청소년들이 이때의 과업을 이후의 생애 단계로 넘기는 경향을 보인다(Côtè, 2006).

6단계(19-39세) 이 시기는 성인기의 전반부로 개인은 종종 부모로부터 독립해 나와 본격적인 사회생활을 시작하는 등 독립적인 삶을 영위하기 시작한다. 에릭슨은 이 시기의 주요 발달과업을 친밀감(vs 고립감)으로 보았다. 이전 단계에서 어느 정도 자아정체성 형성이라는 과업을 달성한 개인은 그다음 단계로 종종 타인과의 친밀한 관계를 형성하는 데 초점을 둔다. 이러한 친밀감의 과업은 연인관계, 친구관계, 가족관계 등 다양한 관계를 바탕으로 이루어질 수 있다. 다만, 이 시기에 성공적으로 친밀한 관계를 형성하지 못한 개인은 고립감을 느끼며 살아가게 된다.

7단계(40-64세) 이 시기는 일생을 통틀어 개인이 가장 생산적이면서 왕성한 활동을 하는 시기이다. 이 시기 개인은 직장생활을 하고, 왕성한 사회활동을 하며, 종종 자녀를 낳아 기르고, 도움이 필요한 가족을 부양한다. 이를 통해 직간접적으로 지역사회와 사회의 존속과 유지에 기여한다. 에릭슨에 의하면, 이 시기의 중요한 발달과업은 생산성(vs 침체성)이다. 이 시기에 요구되는 다양한 과업과 역할을 성공적으로 수행하는 사람들은 생산적인 삶을 살아가게 된다. 하지만 이러한 과업을 제대로 수행하지 못하면 침체감에 빠지게 된다.

8단계(65세 이상) 이 시기가 되면 개인은 노년기에 접어들게 된다. 많은 사람들은 직장에서는 은퇴를 하고 왕성했던 사회활동은 감소하며 자녀는 장성해서 독립하게 된다. 이 시기의 개인은 살아온 세월을 정리하고 지나온 삶을 반추한다. 이 시기의 주요 발달과업은 자아통합감(vs 절망감)이다. 지난 생애의 과업들을 성공적으로 수행하며 잘 살았다면 이는 삶에 대한 성취감과 자아통합감으로 이어진다. 이러한 자아통합감을 가진 이들은 행복하고 평안하며 충만감을 느끼게 된다. 한편 그렇지 않은 경우는 지난 삶을 반추하며 후회, 억울감, 절망감 등을 느끼게 된다.

2) 제임스 마샤의 정체성 지위 이론(Identity status theory)

마샤의 정체성 지위 이론은 청소년기의 자아정체성의 발달 과정에 초점을 둔다. 자아정체감 확립을 위한 청소년기의 중요 과업으로 '정체성 확립 혹은 역할 혼미'라는 두 가지 기준에 초점을 맞춘 에릭슨의 이론을 확장하여, 마샤는 청소년기의 자아정체성은 혼란(Diffusion), 폐쇄(Foreclosure), 유예(Moratorium), 성취(Achievement)라는 네 가지 지위로 구분하였다. 특히 마샤는 자아정체성 탐색이 '위기(crisis)'와 '전념(commitment)'이라는 두 가지 축을 바탕으로 이루어진다고 주장하였으며, 개인의 정체성 지위는 <그림 3-1>과 같이 이 두 가지 축을 기준으로 한 사분면으로 표현될 수 있다.

위기 위기는 개인이 스스로의 가치관, 신념, 목표 등에 대해 고민을 유발하는 사건이나 상황을 의미한다. 이는 자신을 둘러싼 주변 환경의 변화로 인해 나타날 수도 있고 대인관계에서의 경험에 의해서 촉발될 수도 있으며 혹은 내부의 심경의 변화로 인해 나타날 수도 있다. 위기를 경험하게 되면 심리적 갈등과 감정적 동요를 경험하며, 이는 청소년이 자신이 가지고 있던 가치관과 신념에 대해 재점검하고 대안에 대해 탐색하는 계기가 된다.

전념 전념은 현재의 가치관이나 신념을 받아들이고 몰두하는 상태를 의미한다. 정치적 지향, 종교적 신념, 삶에 대한 전반적인 가치관 혹은 보다 구체적으로 진로에 대한 신념 등 다양한 가치관이나 신념이 그 대상이 될 수 있다.

		위기: 유	위기: 무
전념	유	정체성 성취 (Identity achievement)	정체성 폐쇄 (Identity Foreclosure)
	무	정체성 유예 (Identity moratorium)	정체성 혼란 (Identity diffusion)

출처: Marcia, J. E. (1980). Identity in adolescence. *Handbook of Adolescent Psychology, 9*, 159-187.

<그림 3-1> 마샤의 정체성 지위

정체성 혼란 정체성 혼란은 아직 자신이 무엇을 추구하는지, 중요하게 생각하는 것이 무엇인지 등 자신의 신념과 가치관, 목표 등 그 어떤 것도 정하지 못한 상태이다. 이 상태의 개인은 위와 같은 것들에 대해 크게 고민하지 않거나 혹은 어떤 신념이나 가치관, 목표를 가지는 것이 좋겠다고 생각은 하지만 그저 막연하기만 하다. 이 정체성 혼란에 위치한 개인은 종종 슬픔, 외로움, 두려움 등의 감정을 보고한다.

정체성 폐쇄 정체성 폐쇄는 특정한 신념이나 가치관 등을 받아들이고 또 종종 그것에 몰두하고 있지만 이것이 적극적인 탐색이나 다른 가치관 및 신념과의 비교를 통해서 형성된 것이 아닐 때 개인은 정체성 폐쇄 지위에 위치해 있다. 정체성 폐쇄에 위치한 개인이 가진 신념이나 가치관은 대부분의 경우 외부에서 주입된 경우가 많다. 그렇기에 이 단계의 개인은 어떤 것이 중요하고 또 종종 그것에 전념해야 한다는 것은 알지만 '왜' 그래야 하는지에 대한 내부적인 답은 갖고 있지 못한 경우가 많다. 이러한 신념이나 가치관은 내부에서 근거하지 않기에 취약하다.

정체성 유예 정체성 유예는 일반적으로 위기를 경험한 뒤에 나타난다. 이 지위에 위치한 개인은 기존에 가지고 있던 가치관과 신념, 목표를 유예하고 자신에 대해 적극적으로 성찰하며, 다른 대안적 가치관과 신념, 목표를 탐색하기에 매진한다.

정체성 성취 정체성 성취는 심리적으로 가장 건강한 자아정체성의 상태이다. 이 지위에 위치한 개인은 적극적인 내부 성찰과 탐색의 결과로 개인이 무엇을 원하는지, 무엇을 추구하고 살 것인지, 어떤 목표를 가질 것인지 어느 정도 결정을 한 상태이다. 이 지위를 획득한 개인은 종종 스스로가 진실되고 의미 있다고 느끼며, 삶에 만족하는 경향을 보인다.

자아정체성 척도 문항

지시문

아래 정체성 척도 문항을 바탕으로 자신의 현재 자아정체성 형성 정도에 대해 파악해 봅시다.

1. 각 문항에 대해 자신을 가장 잘 나타내는 응답지를 고르고, 아래 채점 기준에 따라 '확고한 정체성' 점수와 '정체성 결여' 점수를 구하시오.
2. 자신의 조원들과 정체성 점수를 비교해 보고 활동자료 3-2에서 기술한 에세이를 바탕으로 자아정체성의 주제로 조원과 자유롭게 토의하시오.

전혀 그렇지 않다						매우 그렇다
1	2	3	4	5	6	7

확고한 정체성

1. 나는 내가 무엇을 믿고 무엇에 가치를 두는지 알고 있다.	1	2	3	4	5	6	7
2. 나는 내가 누구인지 알고 있다.	1	2	3	4	5	6	7
3. 나는 항상 무엇이 나에게 중요한지에 대해 잘 이해하고 있다.	1	2	3	4	5	6	7
4. 나는 기본적으로 항상 내가 그래왔던 것과 같은 사람이다.	1	2	3	4	5	6	7

정체성 결여

5. 나는 내가 조각들이 잘 맞지 않는 퍼즐처럼 느껴진다.	1	2	3	4	5	6	7
6. 나는 내가 누구인지에 대해 생각할 때, 길을 잃은 것 같은 느낌이 든다.	1	2	3	4	5	6	7
7. 나는 영혼이 없는 사람처럼 내면이 비어 있는 것 같다.	1	2	3	4	5	6	7
8. 진짜 내가 누구인지 아무도 모른다.	1	2	3	4	5	6	7

채점

1. 1번에서 4번까지의 합이 확고한 정체성 점수이다. 이 항목의 점수가 높을수록 나에게 확고한 자신의 정체성이 존재한다는 의미이다.
2. 5번에서 8번까지의 합이 정체성 결여 점수이다. 이 항목의 점수가 높을수록 나의 자아정체성이 약하다는 의미이다. 확고한 정체성 점수와 정체성 결여의 점수는 서로 역방향의 패턴을 보일 개연성이 높다. 즉 확고한 정체성의 점수가 높을수록 정체성 결여의 점수는 낮을 것이다.

출처: 박선웅, 김혜민, 이준배, 문현. (2023). 한국어판 자기개념과 정체성 척도 단축형 개발, *한국심리학회지: 사회 및 성격, 37*, 237-258.

지시문

아래 주어진 세 가지 대주제의 하위 항목에서 원하는 주제를 하나씩 골라 자유롭게 에세이를 작성하시오. (세 가지 주제 모두 합하여 최소 A4용지 1장 반 분량)

나에 관하여

1. 가족으로부터 물려받은 나의 정신적, 물질적 유산
2. 나의 장점 및 단점
3. 나의 개성
4. 나의 야망
5. 나의 취미
6. 내가 살았던 장소 및 살고 싶은 장소

나를 잘 나타내는 것들

1. 내가 편하게 느끼는 장소의 특징
2. 내가 기르고 싶은 식물이나 동물
3. 내가 좋아하는 색깔
4. 내가 더 자주 만나고 싶은 사람의 유형
5. 내가 좋아하는 주제의 대화
6. 내가 성숙해진다고 느끼는 활동

내가 사는 동안 원하지 않는 것 리스트

1. 내가 좋아하지 않는 것들
2. 내가 하고 싶지 않지만 기대되는 것들
3. 내가 바꿀 수 있지만 어려운 것들의 리스트
4. 내가 피하고 싶은 유형의 사람들 리스트
5. 내가 좋아하지 않는 대화의 주제

4강

내 삶의 역할 모델

존경하는 사람

"A role model is like the light at the end of a long tunnel."

"역할 모델이란 긴 터널 끝의 빛줄기와 같은 존재이다."

- 크리스티안 임레(Christian Imre)

모든 사람은 어느 정도는 타인을 모방하며 살아간다. 20대에 누구를 존경한다는 것은 내가 내 삶의 길을 걸어가며 본받고 싶은 사람이 존재한다는 뜻이다.

지난 1-3강을 통해 우리는 왜 자기 자신을 올바로 아는 것이 중요한지, 또 왜 확고한 자아정체성을 지니는 것이 중요한지 배웠다. 우리의 인생은 짧고 사용할 수 있는 재화는 한정적이기에 우리는 어떤 삶을 살 것인지에 대해 결정하고, 이에 따라 선택하며 살아가야 한다. 이러한 선택이 자기 자신에 대한 올바른 이해와 맞닿아 있을 때 우리는 행복하고 번창하는 삶을 살 수 있다. '2강 내가 바라보는 나, 타인이 바라보는 나'에서 살펴보았던 나르시스트들의 사례처럼, 아무리 긍정적으로 자기 자신을 포장하더라도 그러한 자기 포장이 자신의 내면으로부터 비롯되지 않는다면, 이는 삶에 부정적인 영향을 끼친다.

자신에 대한 탐색과 나를 잘 아는 타인으로부터의 피드백을 통해 내가 어떤 사람인지 선호하는 것은 무엇이고 추구하는 것은 무엇인지, 또 앞으로 무엇을 하며 살고 싶은지에 대한 이해가 어느 정도 깊어졌다면, 내가 걸어가고자 하는 길을 앞서 걸어가고 있는 선배의 경험을 참고해 보는 것은 나의 삶을 설계하는 데 큰 도움이 될 수 있다. 본 강에서는 역할 모델과 관련된 사회심리학적 이론에 대해 살펴본 뒤 자신의 역할 모델을 찾아보는 활동을 하고자 한다.

1. 역할 모델

맹모삼천지교(孟母三遷之教)라는 말을 들어본 적이 있는가? 맹자의 어머니 급씨(伋氏)는 아들 맹자가 훌륭한 학자가 되기를 바랐다. 맹자의 집은 묘지 근처에 있었으며, 자연스럽게 맹자는 춤추고 뛰어다니며 장의사가 장사 지내는 놀이를 하며 놀았다. 그러자 맹자의 어머니는 '이곳은 내가 자식을 기를 곳이 아니다'라고 판단하여 시장 근처로 이사를 했다. 그러자 어린 맹자는 주변 상인들을 보고 상인들의 일을 흉내내며 놀았다. 맹자의 어머니는 '이곳 역시 자식을 기를 곳이 아니다'라고 판단하여 집을 서당 근처로 이사하였다. 그러자 맹자는 주변의 학자들이 공부를 하는 것을 보고 공부하는 흉내를 내며 놀았다. 맹자의 어머니는 '마침내 자식을 기를 만한 곳이다'라고 판단하여 이곳에 터를 잡고 살았다는 이야기이다. 이후 맹자는 성장하여 유학을 대표하는 학자가 되었다.

맹자가 역사적으로 위대한 학자가 되는 데 핵심적인 영향을 끼친 요인이 무엇일까? 학자로서의 그의 자질이 큰 역할을 했음은 부인할 수 없는 사실이다. 하지만 맹모삼천지교의 이야기는 어쩌면 자질 그 이상으로 역할 모델이 중요한 역할을 했을 가능성을 시사한다. 서당으로 이사하기 전 맹자의 역할 모델은 장의사와 시장의 상인들이었으며 맹자는 자연스럽게 그들의 행동과 규범을 따라 했다. 만약 맹자의 어머니가 서당으로 이사하지 않았다면 맹자는 자연스럽게 그들의 삶과 규범을 내면화하고 그들과 같은 삶을 살았을 것이다. 그랬다면 그의 '학자로서의 자질'은 발현될 기회조차 없었을 것이다. 서당으로 이사한 뒤 맹자는 자신에게 적합한 역할 모델을 찾았고 이는 그가 위대한 학자가 되는 계기가 되었다.

사회심리학 연구는 크게 두 가지 측면에서 역할 모델이 개인의 삶에 영향을 미친다는 점을 밝히고 있다. 우선 아직 자기 자신에 대한 이해가 깊지 않고 진로나 삶에 대한 가치관이 모호할 때, 역할 모델은 개인에게 어떤 삶을 살아야 하는지에 대한 삶의 기준과 방향성을 제시할 수 있다. 앞선 맹자의 예시에서, 어린 맹자는 본인이 살게 된 주변 환경에 따라 다른 행동과 규범을 자연스럽게 습득했으며, 최종적으로는 서당이라는 공간의 학자들을 역할 모델로 삼았고, 이는 맹자의 삶의 방향성을 결정했다.

한편으로 만약 나의 삶의 방향성과 진로 계획이 확실한 경우라면 역할 모델은 내가 가고자 하는 진로나 추구하는 삶의 길과 관련된 정보, 경험, 노하우 등 구체적인 도움을 제공하는 역할을 할 수 있다. 미국의 대학교에는 1세대 대학생(first generation college students)이라는 개념이 있다. 부모 모두 대학을 다니지 않은 학생들을 가리키는 개념으로, 이러한 1세대 대학생들은 부모 모두 혹은 둘 중 한 명이 대학을 다닌 학생들에 비해 대학을 다니다가 중간에 자퇴할 확률이 훨씬 높은 것으로 나타나고 있다. 왜 1세대 대학생들의 중도 자퇴 비율이 훨씬 높은 것일까? 다양한 요인이 존재할 수 있지만 하나의 중요한 요인이 바로 대학 생활에 관한 다양한 조언을 해 줄 수 있는 역할 모델의 유무 여부이다. 미국의 대학교들은 한국의 대학교들에 비해 졸업하기가 어렵기 때문에, 성공적인 대학 생활을 위해서 경험자로부터 조언을 받는 것이 중요하다. 대학 생활을 경험해 본 부모가 존재한다는 것은 대학 생활 도중 경험하는 다양한 어려움에 대해 편하게 조언을 구하고 도움을 받을 수 있는 역할 모델이 존재한다는 뜻이다. 역할 모델이 지닌 다양한 경험을 바탕으로 나는 내가 하고자 하는 일과 관련하여 어떤 어려움이 존재하는지에 대해 예측하고 대비할 수 있게 되며, 이는 보다 나은 성과로 이어지게 된다.

물론 역할 모델이 이렇듯 내 삶에서 긍정적인 역할만 하는 것은 아니다. 뒤에서 다룰 에이커스(Akers)의 사회학습이론을 비롯한 여러 사회심리학적 연구는 개인이 청소년 비행이나 범죄에 빠지는 주요 원인 중 하나가 나쁜 역할 모델임을 강조하고 있다. 왜 빈민가의 아이들이 성장한 뒤 중산층의 아이들보다 훨씬 범죄에 빠질 확률이 높은가? 주변에 보고 배울 역할 모델 대상의 상당수가 범죄에 연루되어 있기 때문이다. 따라서 본받을 만한 좋은 역할 모델을 찾고 이를 닮아가기 위해 노력하는 것은 내 삶을 건설적으로 만드는 데 도움이 된다.

2. 반두라의 모방학습이론 및 에이커스의 사회학습이론

그렇다면 역할 모델은 어떠한 기제를 통해 개인의 삶에 우리의 삶에 영향을 끼치는 것일까? 역할 모델에 관한 대표적인 사회심리학적 이론으로는 앨버트 반두라(Albert Bandura)가 제시한 모방학습이론(Modeling theory)과 로널드 에

이커스(Ronald Akers)가 제시한 사회학습이론(Social learning theory)이 있다.

1) 반두라(Bandura)의 모방학습이론(Modeling theory)

반두라의 모방학습이론(Modeling theory)은 간접적 경험이 개인의 학습에 중요하다는 사실과 관계된 기제를 집대성한 사회심리학의 첫 이론이다. 모방학습이론 이전의 주요 이론들은 학습과 행동 변화는 간접적 경험이 아닌 직접적 경험에 의해서만 발생한다고 주장하였다. 예를 들어, 모방학습이론이 발표되었던 당시 학습 연구와 관련된 대표적인 심리학자였던 버러스 스키너(Burus Skinner)는 학습은 오직 강화와 처벌이라는 직접적인 경험을 통한 조건화로만 이루어진다고 보았다.

하지만 모방학습이론에 의하면(Bandura, 1977, 1997), 사회적 맥락 속에서 발생하는 여러 타인과의 상호작용은 학습을 위한 중요한 경험의 원천으로 기능한다. 개인은 자신이 역할 모델로 삼은 타인의 태도 및 행동을 따라 하고 그들의 가치관을 내면화하며, 이를 모방학습(Modeling)이라고 한다. 주변 사람, 가족 구성원, 혹은 미디어나 소셜 미디어에 나오는 유명인 등 누구라도 이러한 역할 모델이 될 수 있다. 최근의 사회심리학계에서는 모방학습이 특히 새로운 학습을 시작할 때 매우 효과적인 학습전략이라는 점을 밝히고 있으며, 특히 세상과 환경에 다방면의 지식과 표상을 습득하는 아동기의 발달에 모방학습의 효과가 특히 큰 것으로 나타나고 있다. 물론, 개인이 역할 모델의 모든 태도나 행동을 그대로 받아들여 따라 하는 것은 아니며, 반두라는 역할 모델을 통해 관찰 학습한 모방학습의 과정이 실질적인 행동 변화로 이어지기 위해서는 1) 주의집중(attraction), 2) 기억(retention), 3) 재생산(reproduction), 4) 동기화(motivation)라고 하는 네 가지 필수적인 과정을 거쳐야 한다고 주장하였다.

<그림 4-1> 반두라가 제시한 모방학습 프로세스(Bandura, 1977)

주의집중(attraction) 주의집중은 모방학습의 첫 단계로 관찰자가 역할 모델의 태도나 행동 중 중요한 특성에 관심을 기울이는 단계를 의미한다. 관찰자는 역할 모델을 관찰하고 역할 모델이 가진 특성 중 중 어떤 특성을 학습할 것인지 결정한다. 사회심리학 연구는 일반적으로 자신과 유사하거나 실질적으로 유용한 태도나 행동 혹은 사회적으로 매력적으로 인식되는 성향에 사람들이 더 주의집중을 하는 경향이 있다는 사실을 밝히고 있다.

기억(retention) 기억은 주의 집중한 역할 모델의 태도나 행동을 관찰자가 상징적인 형태로 기억 속에 담는 과정이다. 성공적인 기억을 위해서는 역할 모델의 행동이 상징적이며 기억되기 쉬운 형태로 재조직화되어야 한다. 언어나 시각적 정보 등 다양한 형태로 역할 모델의 특성은 기억될 수 있다. 주의집중에 성공했다고 하더라도 이 기억 과정이 수월하게 일어나지 않으면 모방학습은 일어나지 않는다.

재생산(reproduction) 재생산은 모방 학습한 역할 모델의 행동을 따라해 보는 과정을 의미한다. 비록, 주의집중과 기억에 성공했다 할지라도 역할 모델의 모든 행동을 개인이 따라 할 수 있는 것은 아니며, 신체적 능력이나 다른 요인들이 모방한 행동의 재생산에 영향을 끼칠 수 있다. 예컨대, 많은 축구 팬들이 손흥민 선수의 드리블과 슈팅능력에 주의를 기울이고 이 행동을 기억했다고 해서 이를 실제로 따라할 수 있는 신체적 능력을 갖춘 것은 아니다. 따라서 모델링에는 역할 모델의 특정 태도나 행동을 습득하고자 하는 관찰자의 의도와 더불어 이를 실질적으로 이행할 수 있는 지의 능력의 유무 여부가 중요하다.

동기화(motivation) 모델링의 마지막은 동기화 과정이다. 관찰자가 역할 모델의 태도와 행동을 성공적으로 습득하였다고 하더라도 이를 개인의 것으로 내면화하기 위해서는 습득한 특성을 꾸준히 지속하기 위한 의지와 동기가 필요하다. 일반적으로 학습된 행동에 대한 보상이 주어지는 등 관찰된 행동을 따라 했을 때의 이득이 손해보다 더 크다면, 학습된 행동을 지속할 동기가 높아진다. 이러한 이득에는 돈과 같은 물질적인 요인은 물론 주변으로부터의 인정이나 칭찬과 같은 비물질적인 요인도 포함된다.

반두라는 이러한 모델링 과정에 있어 사회문화적 환경의 중요성을 강조하였다. 문화적 규범은 어떠한 행동이 사회적으로 바람직하며 용인되고 어떠한 행동이 금기시되는지를 결정하는 기준점으로 기능함으로써, 1) 개인이 어떠한 역할 모델의 태도와 행동에 노출될 것인지를 결정하고, 2) 어떠한 행동을 모델링할 것이고 그렇지 않을 것인지를 결정한다. 그리고 문화적 규범은 이러한 모델링 과정을 통해 한 세대에서 다른 세대로 전파되며 꾸준히 지속된다. 예컨대, 전통적인 유교적 분위기의 가정에서 자란 아이들은 어려서부터 자연스럽게 제사나 성묘를 중요시하는 가풍을 보고 자랐으며, 주변 어른들로부터 이러한 규범을 지속적으로 이어나가는 것이 바람직한 행동이라고 교육을 받을 것이다. 이에 반해, 기독교적 분위기의 가정에서 자란 아이들은 어려서부터 주일에 교회에 나가고 교회의 행사와 의례에 참석하는 것이 바람직한 행동이라고 교육을 받을 것이다. 이는 이후 개인이 어떤 행동이 바람직한 것인지를 판단하고 지속하는 데 핵심적인 영향을 끼친다.

이러한 모델링의 문화적 영향력은 청소년을 대상으로 한 역할 모델 조사에서 잘 나타난다. 이러한 조사 결과를 살펴보면, 본인의 역할 모델이 누구냐는 질문에 대한 대답으로 사회적으로 인기 있는 인물이 언급되는 경우가 많은데, 이러한 인물의 직업이나 활동 내용이 시대에 따라 변하는 경향이 있다. 예컨대, 20년 전만 해도 초등학생들의 역할 모델로는 성공한 엘리트나 유명 연예인이 언급되는 경우가 많았다. 하지만 최근 조사에서는 프로게이머 이상혁 선수(페이커)라든지 SNS에서 영향력을 보이는 인플루언서들이 초등학생들의 역할 모델로 자주 언급되고 있다. 이는 한국 사회의 대중문화의 변화가 청소년의 역할 모델의 선택에 큰 영향을 미치고 있음을 시사한다.

2) 에이커스(Akers)의 사회학습이론(Social learning theory)

반두라의 모방학습 이론이 어떻게 역할 모델이 개인의 학습과 행동 변화로 이어지는지에 대한 전반적인 내면적 기제에 초점을 맞추었다면, 에이커스의 사회학습이론은 청소년 비행과 범죄라는 보다 특수한 주제에 집중하고 있다. 즉, 사회학습이론의 주요 연구 질문은 '왜 청소년 비행과 범죄 행동이 일어나는가?'이며, 이를 탐색하는 과정에서 역할 모델의 중요성에 초점을 맞추고 있다.

앞선 모방학습이론과 마찬가지로 사회학습이론 역시 청소년 비행과 범죄가 나타나는 핵심 기제로 사회구성원 간의 상호작용에 초점을 맞추고 있다. 에이커스는 특히 청소년이 비행과 범죄로 점점 빠져들게 되는 내면적 기제를 1) 차별적 접촉(혹은 차별적 교제)(differential association), 2) 정의(definition), 3) 차별적 강화(differential reinforcement), 4) 모방(imitation)이라고 하는 네 가지 순환적 프로세스로 설명한다(Akers 1997, 1998).

<그림 4-2> 에이커스가 제시한 사회학습 프로세스(Akers, 1997)

차별적 접촉/교제(differential association) 차별적 접촉 혹은 차별적 교제는 비행에 대해 긍정적인 태도나 가치, 규범을 가진 사회구성원과의 접촉 및 상호작용을 통해 발생한다. 청소년기는 부모에서 또래 집단으로 인간관계와 상호작용의 범위가 확장되는 시기로, 이 시기에 함께하는 또래 집단의 규범은 개인의 가치관 형성에 큰 영향을 끼친다. 따라서 만약 이 시기에 어울리는 또래 집단이 청소년 비행에 긍정적인 태도를 가지고 있다면 이러한 태도가 내면화되기 쉽다.

정의(definition) 정의는 특정 행동에 대해 개인이 부여하는 의미를 말한다. 일반적으로 대부분의 청소년에게 '청소년 비행 혹은 범죄'는 부정적인 의미로, 연루되거나 가까이 해서는 안되는 행동으로 인식된다. 하지만 비행에 긍정적인 태도를 지닌 또래 집단과의 상호작용을 통해 개인은 청소년 비행이 갖는 의미를 종래의 '나쁘고 가까이하지 않아야 하는 것'과 같은 부정적인 의미에서 '남다르고 쿨하고 용감한 것'과 같은 긍정적인 의미로 달리 부여할 수 있다.

차별적 강화(differential reinforcement) 차별적 강화는 비행이나 범죄 행동의 결과에 관한 것으로, 비행이나 범죄 행동에 연루된 후 그 행동이 보상 경험이나 처벌 경험의 부재로 이어질 때 발생한다. 많은 청소년들이 비행 행동이나 범죄를 저지를 때 '처음이 제일 어렵다'라는 이야기를 한다. 실제로 비행 행동이나 범죄를 저지른 후 그 행위에 대해 또래집단으로부터 칭찬, 인정, 물질적 보상 등 긍정적 보상을 얻게 되는 경우가 많으며, 이는 이러한 행동의 강화로 이어진다. 나아가 청소년 처벌에 관대한 한국의 법과 규범으로 인해 이러한 비행이나 범죄 행동이 적절하게 처벌되지 않는다면, '이러한 행동을 해도 별 다른 처벌이 없구나'라는 인식이 강화되어 더욱 심각한 비행이나 범죄 행동으로 이어질 수 있다.

모방(imitation) 역할 모델의 행동을 관찰한 후 그와 유사한 행동을 하는 것을 지칭하며, 청소년 비행 및 범죄의 맥락에서 관찰자의 역할 모델은 또래집단으로부터 인정받는 선배나 동기인 경우가 많다. 이렇게 또래집단으로부터 학습하게 된 비행 및 범죄 행동을 반복함으로써 개인이 또래집단에서 가지는 위치와 결속력은 더욱 강화되고 이는 다시금 더욱 심각한 비행이나 범죄행위에 대한 차별적 접촉/교제로 이어짐으로써 개인을 더욱 심각한 비행과 범죄행위에 빠뜨리는 결과를 초래하게 된다.

3. 역할 모델 정하기

위에서 살펴본 반두라의 모방학습이론과 에이커스의 사회학습이론은 우리의 삶에 있어 '좋은 역할 모델'을 찾는 것이 얼마나 중요한지 그리고 왜 중요한지에 대해 알려준다. '좋은 역할 모델' 찾기의 일환으로 이번 주 자아의 바다 활동으로 내가 존경할 만한 인물을 선정해서 역할 모델로 삼고 이에 대해 깊이 생각해 보는 시간을 갖고자 한다.

그렇다면 나의 역할 모델을 선정할 때 우리는 어떠한 요소를 고려해야 할까? 다양한 요소들이 존재할 수 있겠지만 특히 본 강의에서는 1) 유사성(similarity), 2) 방향성(direction), 3) 긍정성(positivity)의 세 가지 기준점을 제시하고자 한다.

1) 유사성(similarity)

비록 모든 면에서 역할 모델이 나와 같을 수는 없겠지만, 나에게 좋은 역할 모델은 적어도 중요한 측면에서는 나와 유사점이 있어야 한다. Lockwood와 Kunda(1997)는 미국의 대학생들을 대상으로 한 실험에서 학생들에게 제시된 존경스러운 역할 모델이 나와 유사하다고 느껴질 때에만 학생들에게 스스로에 대한 긍정적인 태도와 영감을 불어넣어 준다는 연구 결과를 보고했다. 이는 역할 모델이 나와 유사할 때 그 역할 모델이 지닌 능력이나 성취 혹은 바람직한 특성이 나와 관계된 것으로 여겨지며, 역할 모델의 특성이 내게 성취가능한 것으로 여겨지기 때문이다.

2) 방향성(direction)

방향성은 역할 모델이 걸어간 삶의 방향이 나와 얼마나 일치하는지에 관한 것이다. 본 강의 서문에 인용된 크리스티나 임레의 말에 함의된 바처럼, 역할 모델은 인생이라는 망망대해를 항해하는 나에게 길과 방향을 알려주는 등대와 같은 역할을 하는 존재이다. 따라서 내가 추구하는 가치관 및 살아가고자 하는 삶의 방향과 일치하는 인물이어야 한다. 또한, 역할 모델의 삶과 나의 삶의 방향성이 일치할 때 그 역할 모델의 경험이 나의 삶에 보다 직접적으로 보탬이 될 수 있다.

3) 긍정성(positivity)

누군가의 역할 모델은 긍정적이어야 한다. 특히 목표를 갖고 삶을 살아가다 보면 의도치 않은 여러 역경과 다양한 불확실성에 직면하게 된다. 목표가 크고 원대할수록 더욱 큰 역경과 불확실성에 마주할 개연성이 높다. 긍정적인 사람만이 이러한 역경 앞에서 다음 단계로 나아갈 활로를 찾고 또 이를 배움의 계기로 삼아 더욱 큰 성장을 이루어 낸다. 나의 역할 모델이 어떠한 태도와 방법으로 삶의 역경의 극복했는지에 대해 배우는 것은 내가 역경에 처했을 때 이를 헤쳐 나갈 수 있는 중요한 원천이 된다.

존경하는 사람에 대해 기술하기

나에게 존경하는 사람이 있는가? 만약 있다면 그는 누구인가? 나는 왜 그를 존경하는가? 자신이 존경하는 사람에 대해 생각해 보고 왜 그를 존경하는지에 대해 글을 쓰시오. 특히 존경하는 인물이 '3. 역할 모델 정하기'에서 제시한 세 가지 기준에 부합하는지, 어떻게 부합하는지에 대해 쓰시오.

5강

꿈과 실천

목표 및 계획

"A human being can alter his life by altering his attitudes."

"태도를 바꾸면 삶은 달라진다."

- 윌리엄 제임스(William James)

RPG 스타일의 온라인 게임을 즐겨본 적 있는가? 일반적으로 게임을 시작하면 유저를 위한 상세한 지침과 설명이 존재한다. 예를 들어, 게임 내 여러 비플레이어블 캐릭터들(NPC)이 유저에게 보상과 연결된 임무 체계인 퀘스트와 더불어 게임 플레이에 관계된 정보를 주며 유저들이 게임 플레이에 적응할 수 있도록 돕는다. 유저는 이를 바탕으로 게임 속 세계와 게임 플레이 방법과 관련하여 지식을 습득한 후 각자의 수준(레벨)에 맞는 장소에서 캐릭터를 성장시킨다. 이후 전직이라 불리는 과정을 통해 캐릭터의 진로를 결정하게 된다. 일반적으로 이를 위한 최적화된 몇 가지 옵션이 주어지게 되며(예, 전사, 도적, 성직자, 마법사, 궁수) 이 중 내 성향에 가장 잘 맞는 옵션(클래스)을 선택하여 전직을 한다. 즉 게임 속 캐릭터가 하나의 삶이라면, 모든 생애 과정에 구체적인 지침과 현재 상황에 대한 정확한 피드백이 주어진다.

우리의 인생은 어떠한가? 온라인 게임 속 세상과 비교해 볼 때 우리의 삶은 굉장히 복잡하고 불확실하다. 몇 가지, 많아 봐야 열 몇 가지로 제한되어 있는 온라인 게임 캐릭터의 전직 시스템과는 달리 진로에 대한 선택지가 셀 수 없을 만큼 많고, 공무원 등 소수의 직업군이 아니라면 내가 원하는 진로를 이루기 위해 어떤 것을 준비해야 하는지 정확히 알기가 어렵다. 내 레벨이 몇인지, 지금 레벨이면 어디에 가서 캐릭터를 성장시켜야 하는지에 대해 구체적인 가이드라인이 있는 온라인 게임과 달리, 사회 내에서 나의 역량이 어느 수준이고 또 이를 개발하기 위해 어디에서 무엇을 해야 하는지에 대해 알기도 어렵다. 바야흐로 망망대해를 항해하는 작은 배와 같은 것이 우리의 삶이다.

꿈과 목표는 이러한 망망대해에서 내가 이디로 나아가야 할지를 알려주는 나침반이자 한 줄기 작은 빛이다. 꿈과 목표가 있으면 항해의 과정 중 길을 잃거나 풍랑을 만나도 결국 목표했던 곳으로 도달할 수 있다. 하지만 꿈과 목표가 없는 인생은 막연하고 피상적이다. 내가 현재 가고 있는 여정이 내가 그 길을 진정으로 가고자 했기 때문인지 그저 부는 바람에 이끌려 가고 있는 것인지 알 수가 없다.

본 강에서는 우리의 삶에서 왜 꿈과 목표가 중요한지, 그래서 꿈과 목표를 가진다면 어떻게 가져야 우리의 삶에 실질적인 도움이 될 수 있는지에 대해 논의하고자 한다.

1. 꿈과 목표의 중요성

많은 과학적 연구는 꿈과 목표가 삶에 긍정적인 기능을 한다는 점을 밝히고 있다. 구체적으로, 꿈과 목표는 삶에 의미를 부여하고 더 나은 성취로 이어지며 더 높은 행복감으로 이어진다(Brunstein, 1993; Feldman & Snyder, 2005; Thomas, Clegg, Holidng, & Koestner, 2021). 특히, Harackiewicz, Barron, Tauer와 Elliot (2002)은 471명의 대학교 신입생들을 대상으로 4년간 삶의 목표의 유무가 학생들에게 어떤 영향을 끼쳤는지 연구하였다. 연구 결과, 대학 입학 시 삶의 목표가 있었던 대학생들이 그렇지 않았던 학생들에 비해 학업 성적, 학업 흥미, 학교생활 등 다양한 대학교 생활의 영역에서 더 나은 성과를 보였다. 사회심리학 연구는 꿈과 목표가 특히 1) 목적의식(sense of purpose), 2) 동기와 성취(motivation and achievement), 3) 개인적 성장(personal growth)의 세 가지 측면에서 우리의 삶에 긍정적인 기능을 한다는 사실을 보여주고 있다. 물론 이 세 가지 측면은 서로 연관되어 있으며 복합적으로 더 나은 삶에 기여한다.

1) 목적 의식(sense of purpose)

그것이 진로와 커리어든, 인간관계든, 개인적 성장과 관계된 것이든 삶의 다양한 측면에서 꿈과 목표는 존재할 수 있다. 이러한 꿈과 목표는 개인이 추구하는 삶의 영역에 의미를 부여하며, 이러한 의미는 분명한 목적의식으로 전환된다. 이러한 목적의식은 내가 미래를 위해 지금 무엇을 해야 하는지에 대한 확고한 의사결정으로 이어진다. 만약 꿈과 목표가 없다면, 내가 무엇을 위해 살아야 하는지가 불분명하며 이는 삶에 대한 방황으로 이어질 수 있다. 이러한 목적의식은 특히 삶이 어려움에 처했을 때 이를 이겨낼 수 있는 원동력이 된다.

2) 동기와 성취(motivation and achievement)

분명한 꿈과 목표는 현재의 나의 삶에 동기를 부여한다. 꿈과 목표는 이를 달성하고자 하는 심리적 동기를 불러일으키고, 이는 다시 지금 무엇을 할 수 있고 또 무엇을 해야 하는지에 대한 구체적인 전략에 대한 탐색으로 이어지게 된다. 이렇듯 현재 하고 있는 일에 대한 강한 동기와 이를 발전시키기 위한 구체적인 전략을 가진 사람은 그렇지 않은 사람에 비해 더 높은 성취를 보인다. 그리고 이러한 성취 경험은 스스로에 대한 자존감과 자신감의 향상, 그리고 목표를 향한 더 강한 동기로 이어지게 되며, 이는 더 높은 성취로 이어지는 선순환 구조를 만들게 된다.

3) 개인적 성장(personal growth)

확고한 꿈과 목표를 가진 개인은 편하고 익숙한 일상으로부터 벗어나 목표와 관련된 새로운 도전을 한다. 이러한 도전을 통해 그는 새로운 지식과 기술을 쌓으며 목표와 관련된 사람들을 만나고 다양한 관련 경험을 쌓게 된다. 이는 목표의 성취에 도움이 될 뿐 아니라 종합적으로 한 명의 인격체로서 개인을 더욱 성장시키는 계기가 된다. 나이는 단지 숫자에 불과하다는 말처럼, 한 명의 인격체로서 개인의 삶의 성장에 기여하는 것은 단순히 얼마나 오래 살았느냐가 아닌 살면서 얼마나 다양하고 의미 있는 경험을 쌓았느냐이다. 꿈과 목표는 더욱 다양한 삶의 경험을 추구하도록 우리를 유도하며 이를 통해 우리의 삶이 더욱 성장하고 성숙하도록 이끄는 원동력으로써 기능한다.

2. 자기불일치이론 및 심리대비가설

그렇다면, 꿈과 목표는 어떠한 기제를 통해 우리를 동기화시키고 개인의 성장을 견인하는 것일까? 나아가, 꿈과 목표를 어떠한 방식으로 추구하는 것이 우리 삶에 도움이 될까? 목표 추구와 관련된 유명한 사회심리학 이론인 토리 히깅스(Tory Higgins)의 자기불일치이론(self-discrepancy theory)과 가브리엘 외팅겐(Gabriele Oettingen)의 심리대비가설은 이러한 물음에 대해 통찰력 있는 해답을 제시한다.

1) 히깅스(Higgins)의 자기불일치이론(self-discrepancy theory)

히깅스의 자기불일치이론(self-discrepancy theory)은 인간이 현실적 자기(actual self), 이상적 자기(ideal self), 당위적 자기(ought self)라고 하는 세 가지 틀을 바탕으로 자기 스스로에 대해 평가한다고 가정한다. 현실적 자기란 현재의 자기 자신이 어떤 인물인지에 대해 스스로가 가진 생각이고, 이상적 자기는 자기가 되고 싶은 모습 즉 이상적인 자기에 대한 신념이며, 당위적 자기는 자신이 갖추거나 갖추지 말아야 하는 모습 즉, 의무나 책임과 관련된 자기를 나타낸다. 예를 들어, 22살의 명스승은 현재 ○○대학교 3학년으로 사범대 ○○교육과에 재학 중인 학생이다. 이는 스승이의 현재적 자기의 모습이다. 스승이의 꿈은 졸업 후 임용고시에 합격해 고등학교 교사가 되는 것이다. 이는 스승이의 이상적 자기라고 볼 수 있다. 학생을 가르치는 직종을 꿈꾸는 예비 선생님으로서 스승이는 높은 수준의 도덕성과 더불어 학생들을 잘 가르칠 수 있는 능력이 요구된다. 이러한 자질을 갖춘 스승이의 모습이 바로 당위적 자기라고 할 수 있다.

자기불일치이론에 의하면, 현실적 자기와 이상적 자기 혹은 당위적 자기 간의 불일치(discrepancy)는 심리적으로 다양한 부정적인 감정을 야기한다(Higgins, 1987). 예컨대, 이상적 자기와 현실적 자기의 불일치는 불행감, 불만족감, 자기에 대한 실망감이나 자기혐오로 이어지게 되고 당위적 자기와 현실적 자기와의 불일치는 스스로에 대한 불편감, 자존감의 하락, 자기 소외감, 혹

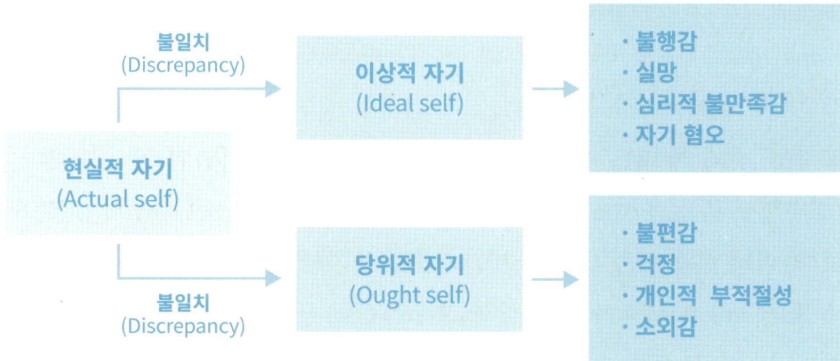

<그림 5-1> 히깅스의 자기불일치이론의 핵심 도식(Higgins, 1987)

은 스스로에 대한 걱정과 같은 감정으로 이어지게 된다. 이러한 부정적 감정을 해소하기 위해서, 개인은 현실적 자기와 이상적 혹은 당위적 자기 간 불일치를 해소하는 방향으로 노력하게 되며, 이는 개인이 스스로를 성장시키는 원동력이 된다. 앞서 예로 든 스승이의 사례에서, 사범대 학생인 현실적 자기와 졸업 후 선생님이 된 자신이라는 이상적 자기의 간극을 좁히기 위해 스승이는 임용고시를 준비하기 위해 노력할 것이다. 또한, 학생들에게 지식을 잘 전달하기 위한 능력이라는 '자질'을 기르기 위해 노력함으로써, 현실적 자기랑 당위적 자기의 간극을 줄이기 위해 노력할 것이다.

히깅스가 주장한 이상적 자기와 당위적 자기는 꿈과 목표라는 측면과 궤를 같이 한다. 개인이 바라는 이상적 자기나 추구하는 자질을 갖춘 자신인 당위적 자기가 존재한다는 것은 꿈과 목표가 존재한다는 것으로 이해될 수 있다. 꿈과 목표가 존재할 때, 우리는 이를 달성하려는 다양한 노력을 하게 되고 이는 우리 삶을 한 단계 성장시키게 된다.

2) 외팅겐(Oettingen) 심리대비가설(mental contrasting hypothesis)

외팅겐(Oettingen)은 꿈과 목표를 가지는 것 뿐 아니라 이를 현실화시키기 위한 구체적인 계획을 세우는 것이 중요하다는 점을 강조하였다. 외팅겐의 심리대비가설(mental contrasting hypothesis)에 의하면, 개인이 바라는 미래상인

이상적인 미래(the desired future)와 이를 위해 넘어서야 하는 현실적인 과제(present obstacles)를 대비시킬 때, 이상적인 미래를 달성하고자 하는 개인의 노력은 증가한다(Oettingen, 2012). 이 과정을 심리대비(mental contrasting)이라고 한다. 예컨대 다음 주 월요일에 중요한 개인 과제 발표가 있다고 하자. 이때 과제 발표를 성공적으로 끝마친 나 자신(이상적 미래)에 대해서만 생각하는 것보다, 이와 더불어 주말 오후 시간대 편의점 아르바이트를 해야 하는 일정과 같이 과제 발표에 방해가 될 현실적 과제를 함께 생각하면 과제 발표를 지금 준비하는 방향으로 동기부여가 될 가능성이 높아진다. 물론 이 경우, 성공에 대한 기대치가 높을수록 동기부여의 가능성이 더욱 높아진다. 예를 들면, 교수님이 감동하실 정도로 높은 수준의 개인 과제 발표 준비를 하는 것을 목적으로 삼은 학생 A와 발표 수준은 신경 쓰지 않고 그저 발표 시간을 채우는 것만을 목적으로 삼은 학생 B의 동기부여 수준은 다를 것이다.

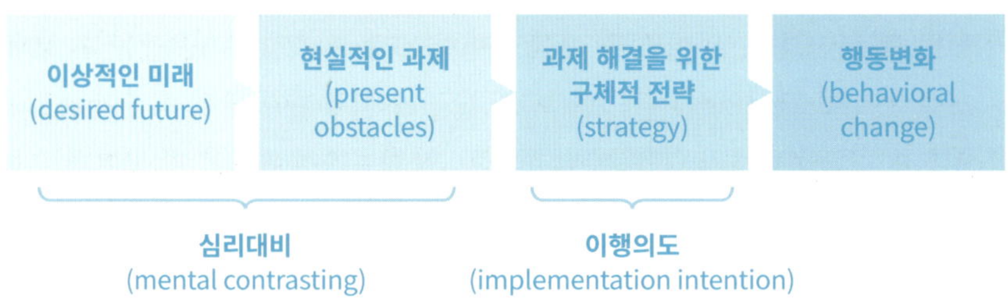

<그림 5-2> 외팅겐의 심리대비가설의 핵심 도식(Ottingen, 2012)

중요한 점은, 특히 장기적이거나 지속적인 노력을 요구하는 목표의 경우, 심리대비를 하는 것만으로는 행동 변화가 나타나지 않을 수 있다는 것이다. 예를 들어, 몸이 마르고 근육이 전혀 없지만 늘 선명한 근육이 있는 몸이 좋은 사람을 동경해 온 몸짱이라는 대학생이 있다고 하자. 몸짱이는 몸을 키우고 근육을 만들기 위해서 헬스장을 가야 한다는 정도만 알 뿐 정확히 무엇을 어떻게 해야하는지에 대해서는 알지 못한다. 몸짱이가 운동을 시작하기 위한 목적으로 심리대비가설에서 제시한 방식을 사용한다고 가정하자. 몸짱이는 우선 근육을 키운 자신의 모습(이상적 미래)에 대해 상상하고, 학업이나 아르바이트

등 근육을 키우는 활동에 전념하는 데 방해가 되는 현실(현실적 과제)에 대해 생각해 볼 수 있다. 하지만, 이는 지속적으로 운동을 하는 방향으로 몸짱이에게 동기부여를 하지는 못할 가능성이 높은데 왜냐하면 몸짱이는 여전히 이를 위해서 구체적으로 무엇을 할 수 있고 무엇을 해야할지에 대해서 모르기 때문이다. 이 경우, 몸짱이에게 필요한 것은 근육을 키우는 것이라는 목표를 달성하기 위해 무엇을 해야하는지에 관한 구체적인 전략과 계획이다.

심리대비 이후 이상적 미래를 달성하기 위해 구체적인 전략과 계획을 세우는 것을 이행의도(implementation intention)라 한다. 즉, 심리대비가설에 의하면, 목표를 달성하기 위한 실질적인 행동을 일으키기 위해서는 꿈과 목표를 설정하는 것 이상으로 이를 실천하기 위한 구체적인 실천 계획을 세우는 것이 중요하다. 몸짱이의 경우를 예로 들어보자. 몸짱이는 근육을 키운 후 자신의 모습(이상적 미래)에 대해 상상해보고 이를 위해 방해가 되는 현실(현실적 과제)에 대해 생각해 볼 수 있다. 이후, 1) 내일까지 근육을 키우기 위한 정보를 찾아보고 주변 헬스장 검색, 2) 이틀 후 가장 마음에 드는 헬스장 두 곳 방문 후 상담, 3) 그 중 한 곳의 헬스장에 등록한 후 그 날부터 일주일에 세 번씩 운동하기와 같이 목표 단계별 계획을 세워볼 수 있다(이행의도). 이렇듯 목표 설정과 구체적 실천 계획의 확립이 함께 이루어질 때 목표를 달성하기 위한 행동의 실천이 이루어질 개연성이 가장 높다.

3. 꿈과 목표를 설정하고 구체적 계획 세우기

많은 사회심리학 연구는 꿈과 목표를 가진 사람이 그렇지 않은 사람에 비해 훨씬 행복하고 번창한 삶을 산다는 연구 결과를 보여줌으로써, 꿈과 목표를 지니는 것이 인생을 살아가는 데 중요하다는 사실을 강조하고 있다. 특히 꿈과 목표를 갖는 것은 젊은 대학생 시절에 특히 중요할 것이며, 이는 아직 미래의 상당 부분이 가능성으로 남겨져 있기 때문이다. 넓게 보면 20대, 좁게 보면 대학생 시절은 남은 인생의 큰 밑그림을 그려가는 시기로 인생이 하나의 도화지라면 아직 70-80% 이상의 공간이 백지로 남아 있는 때가 바로 20대, 특히 대학생 시절이다. 따라서 이 시절에 꿈과 목표를 갖는 것은 매우 중요하다.

한편 외팅겐의 심리대비가설은 단지 꿈과 목표를 가지는 것만이 이를 달성하기 위한 노력으로 바로 이어지는 것은 아니라는 사실을 우리에게 알려주고 있다. 외팅겐에 의하면, 구체적인 실천 계획이 담보되지 않은 꿈과 목표는 그저 환상(fantasies)일 뿐으로, 이를 실천하기 위한 구체적인 계획과 전략이 존재할 때 꿈과 목표는 실천적인 행동으로 이어지고 더 나아가 현실이 된다.

꿈과 목표를 세우고 실천 전략을 짜보기

아래 빈 칸에 심리대비가설에서 제시한 기법을 활용하여 꿈과 목표를 설정하고 구체적인 실천 전략을 짜 보시오.

1. 살면서 이루고 싶은 꿈이 있는가? 그 꿈은 무엇인가? 그 꿈을 이룬 뒤의 나의 모습은 어떠할 것 같은가? 아래 빈 칸에 나의 꿈 혹은 성취하고 싶은 목표에 대해 작성하시오.

2. 앞에서 제시한 꿈 혹은 목표를 달성하는 데 제약이 되는 현실적 과제 혹은 어려움은 무엇인가? 이러한 어려움에 대해 작성하고 왜 꿈 혹은 목표를 달성하는 데 제약이 되는지에 대한 이유를 기술하시오.

3. 현실적 제약을 고려하여, 내가 작성한 꿈 혹은 목표를 달성하기 위하여 지금부터 무엇을 할 수 있는지 아주 구체적인 실천 계획을 작성하시오. 실천 계획은 단계별로 작성하되 각 단계에 소요되는 시간이 어느 정도일지 또 각 계획을 이행하기 위해 무엇이 필요하며 어떻게 해야하는지에 대해서도 함께 쓰시오.

6강

열등감과
열등감 극복

"과거의 경험을 상처로 가지고 있으면 내 삶이 불행해집니다.
하지만 이를 하나의 삶의 경험으로 온전히 받아들이면
내 삶의 소중한 자산이 됩니다."
- 법륜스님

현대 자본주의 사회는 경쟁사회이다. 특히 한국은 세계 여러 국가 중에서도 매우 치열한 경쟁사회인 것으로 알려져 있다. 한국은 경제협력개발기구(OECD) 국가 중 연평균 근로 시간이 가장 높은 나라 중 하나일 뿐 아니라(2023년 기준 1,901시간으로 OECD 5위), 한국인들은 출신 대학 순위, 스펙, 다니는 회사, 연봉 등 다양한 영역에서 어린 시절부터 무한경쟁을 지속하고 있다. 이러한 경쟁에서 더 나아가 획일화된 외모에 대한 잣대, 사회적 불평등 등 다양한 요인은 사람들을 '명문대학교를 나오고, 외모와 스펙이 좋으며, 좋은 회사를 다니며, 높은 연봉을 받는' 극소수의 존중받을 만한 사람과 대다수의 무시해도 괜찮은 사람으로 구분한다. 그리고 후자로 분류된 대다수의 사람들은 좋은 대학 출신이 아니라는 이유로, 스펙이 좋지 않다는 이유로, 연봉이 높지 않다는 이유로, 외모가 뛰어나지 않다는 이유로, 대기업·공기업에 다니지 않는다는 이유로 혹은 또 다른 이유로 스스로에 대해 열등감을 느끼게 된다. 세상에 열등감을 느끼지 않는 사람은 없다고 할 정도로 열등감은 흔한 감정이지만, 잦은 열등감 경험은 높은 불행감, 낮은 자존감, 근거 없는 불안감과 초조감, 그리고 대인관계 문제 등으로 이어지며 내 삶에 부정적인 영향을 준다. 하지만 열등감이 늘 인생에 부정적인 기능만 하는 것일까? 유명한 정신분석학자인 알프레드 아들러(Alfred Adler)는 결핍과 열등감이 인간 성장의 동력으로 기능할 수 있다고 보았다.

본 강에서는 우리 대다수의 사회 구성원이 느끼는 열등감의 사회적 원천에 대해 살펴보고, 아들러의 개인심리학 이론을 통해 열등감의 심리적 속성에 대해 알아볼 것이다. 마지막으로 개개인이 지닌 열등감을 어떻게 우리 삶에서 긍정적으로 활용할 수 있을지에 대해 살펴보고자 한다.

1. 현대 사회와 열등감

현대 자본주의 사회 발전의 원동력은 개인 간 경쟁이라 할 수 있다. 사회 시스템에서 허용하는 범위 내에서 개개인은 경쟁하고, 시장의 선택을 받아 경쟁에서 승리한 자는 더 많은 부(富)와 기회를 획득하고 그렇지 못한 자는 점점 도태되게 된다. 경쟁은 끝없이 이어지며, 이러한 시스템에서 개개인은 도태되지 않기 위해 필연적으로 끝없이 성과를 추구하게 된다. 이와 더불어 현대 사회에서 흔히 받아들여지는 '성공한 삶'을 영위하기 위한 커리어와 물질적 소유의 기준은 상당수의 사람들에게는 비현실적일 정도로 높다. 이러한 비현실적인 이상과 끝없는 성취에 대한 추구로 인해 대다수의 사람은 늘 스스로에 대해 무언가 부족한 존재라는 느낌을 받게 되는데 이것이 열등감의 원천이라 할 수 있다.

즉, 현대인이 가지고 있는 열등감이란 기본적으로 사회적으로 구성된 감정이라고 볼 수 있다. 왜냐하면 어떠한 측면에 대해, 어느 정도의 성취가 '충분'하다고 혹은 '부족'하다고 여기는 지가 사회적 맥락에 의해 결정되기 때문이다. 예컨대, 한국에서 연봉 2,000만 원을 받는 직장인은 아마 다른 직장인들을 부러워하겠지만 저소득국가에서 연봉 2,000만 원을 받는 직장인은 다른 직장인들의 부러움을 살 개연성이 높다. 한국에서는 2,000만 원의 연봉이 낮은 연봉이지만 저소득국가에서는 일반적으로 매우 높은 수준의 연봉이기 때문이다.

중요한 점은 열등감이 기본적으로 타인과의 비교에 기반을 두고 있는 감정이라는 것이다. 사회심리학에서는 개인이 타인과 스스로를 비교하는 것을 사회비교(social comparison)라고 한다. 사회비교는 한 사회의 구성원으로서 어떻게 행동해야 하는지와 관련된 정보를 얻을 수 있다는 측면에서 유용하지만, 잦은 사회비교는 개인을 불행하게 만든다. 특히, 이러한 사회비교는 개인의 객관적인 위치와는 관계없이 종종 일어난다. 예를 들어, 꽤 좋은 학교에 다니는 학생들도 자신이 다니는 학교보다 더 좋은 학교의 학생들과 스스로를 비교하며 자신이 부족하다고 느낀다. 흥미롭게도 동일한 심리적 현상이 최정상급 대학의 학생들에게서도 나타난다는 것이다. 이렇듯 사회비교는 내가 실제로 어디에 위치했느냐와는 관계없이 일어나며, 이는 객관적으로 보기에 부족함이 전혀 없어 보이는 상당히 좋은 배경을 가진 인물들도 열등감을 느끼는 이유가 되기도 한다.

한편, 미디어와 SNS는 현대 사회에서 많은 사회구성원들에게 있어 이러한 열등감을 부추기는 하나의 중요한 요인으로 기능한다. 미디어에서 반복적으로 비춰주는 연예인이나 재벌들의 화려한 삶의 모습은 사회 내에서 비현실적인 성공의 기준을 제시한다. 하지만 대다수의 일반인들에게 이는 거의 달성하기가 불가능한 기준이기에, 비현실적인 삶의 모습에 대한 끝없는 노출은 많은 사람들로 하여금 자신의 삶에 대해 무언가 부족하다는 점을 느끼게 만들 수 있다. 특히 최근 폭발적으로 발전한 SNS와 인플루언서들이 보여주는 화려한 삶의 모습은 우리 사회 내 많은 구성원들, 특히 트렌드와 유행에 민감한 젊은 층의 열등감을 심화시키는 요인으로 주목받고 있다.

2. 아들러의 열등감 이론 – 개인심리학

일반적으로 열등감은 부정적인 감정으로 여겨지며, 실제로 여러 연구는 열등감이 우울, 공격성, 사회불안 등 정신건강의 다양한 지표들에 부정적인 영향을 미친다는 사실을 밝히고 있다(김형수, 김흥규, 2006; 이연실, 이명희, 2020; Akdogam & Cimsir, 2019).

열등감이 갖는 이러한 부정적인 측면을 부각한 다른 이론적 접근들과는 달리, 의사이자 정신분석학자였던 알프레드 아들러(Alfred Alder)는 열등감이 개인의 발달과 성장 그리고 창조성의 발현에 있어 핵심적인 역할을 한다고 주장하였다. 아들러가 제시한 개인심리학(individual psychology) 이론에 따르면, 열등감은 인간의 성장과 발전을 견인하는 핵심 동력원이다. 아들러는 더 나은 삶, 더 나은 상태를 추구하려는 인간의 기본적인 경향성을 '열등감(inferiority)'과 '열등감의 극복(overcoming inferiority)'이라는 관점으로 접근한다.

개인의 불완전성	→	열등감 지각	→	열등감을 해결하기 위한 노력	→	개인의 성장

<표 6-1> 아들러가 제시한 열등감과 개인의 성장 도식

아들러에 의하면, 사람은 그 누구라도 완벽한 존재가 아니며, 따라서 불완전함을 가지고 있다. 이러한 불완전함이 자신이 속해 있는 환경에 적응적이지 못할 때 개인은 열등감을 느끼며, 이를 극복하기 위해 다양한 노력을 한다. 예컨대, 선천적으로 두 다리가 약해 남들처럼 걷기가 힘든 오일이란 이름의 청년이 있다고 가정하자. 약한 두 다리는 오일이에게 신체적 불완전성이며, 그가 열등감의 근원이 될 수 있다. 이를 극복하기 위해 오일이는 집 근처 공원에서 하루에 수 시간씩 걷는 연습을 꾸준히 했다. 그 결과 오일이는 튼튼한 다리를 갖게 되어 더 이상 보조장치 없이도 자유롭게 바깥을 걸어 다닐 수 있게 되었으며, 최근에는 단거리 마라톤 대회에도 참가하게 되었다. 이 경우 오일이는 스스로의 신체적 불완전성에 대해 열등감을 느꼈고 이를 노력을 통해 극복했다.

아들러는 인류의 위대한 성과 역시 개인의 열등감을 극복하는 과정 속에서 이루어졌다고 주장한다. 예컨대, 인류역사상 가장 위대한 음악가 중 한 사람인 악성(樂聖) 베토벤의 음악 중 가장 걸작으로 평가받는 합창 교향곡, 월광 소나타와 곡은 그가 청각을 잃어 음악가로서의 삶이 끝났다는 세간의 평가를 들을 때 작곡된 것이었다. 열등감이 우리의 삶을 더욱 발전시키는 예는 우리 주위에서도 찾아볼 수 있다. 공사장 등 노가다 판을 전전하며 생활비를 벌어 열심히 공부해 서울대학교에 수석으로 입학했으며, '공부가 제일 쉬웠어요' 라는 책으로 과거 세간에 화제를 날렸던 장승수 씨, 각 손에 두 손가락만을 지닌 네 손가락의 피아니스트 이희아 씨 등은 우리 주위에서 찾아볼 수 있는 열등감이 개인의 성공을 이끈 대표적인 예라 할 수 있다.

개인은 누구나 불완전한 측면을 가지고 있다. 이는 개인에게 열등감을 부여한다. 하지만 개인은 스스로가 가진 이러한 불완전성을 극복하고자 노력하며, 이는 개인의 성장과 발전으로 이어진다. 여기에서 중요한 것은 이러한 순환 과정이 지속적으로 반복된다는 것이다. 노력을 통한 성장을 통해 열등감이 한 번 보상받았다고 해서 사라지는 것이 아니라 지속적으로 다른 열등감이 나타난다. 이를 바탕으로 인간의 성장과 발전은 평생에 걸쳐 계속된다.

중요한 점은, 모든 열등감이 개인의 성장을 위한 노력으로 이어지는 것은 아니라는 점이다. 스스로에 대한 열등감이 너무 심해 이에 매몰되어 버리면 개인의 열등감은 성장을 위한 원동력이 아니라 회피의 대상이 되어버린다. 이렇듯 심각한 열등감을 아들러는 열등감 콤플렉스(an inferiority complex)라고 명명했다. 열등감 콤플렉스를 가진 이들에게 개인의 열등감은 '성장을 위한 원동력'이 아니라 '약함의 신호'이며 '숨겨야 할 어떤 부끄러운 것'으로 인식된다. 앞선 오일이의 사례에서, 만약 오일이가 두 다리에 대한 열등감 콤플렉스를 지니고 있었다면, 오일이에게는 이 두 다리가 운동을 통해 개선해야 할 것으로 여겨지지 않는다. 단지 부끄러운 것, 자신의 일부가 아니었으면 좋겠는 것, 다른 사람들 앞에서 내보이고 싶지 않은 나의 못난 모습일 뿐이다. 따라서 열등감 콤플렉스가 있는 이들은 자신의 열등감을 보상하여 개인적 성장을 이루기보다는 자신의 우월성을 과장해서 표현함으로써 자신의 열등감을 숨기려 한다. 이들은 노력을 통해 스스로를 성장시키는 일에 초점을 맞추기보다는 실패를 회피하고 스스로의 못난 모습을 감추는 데 초점을 맞춘다(김미란, 2005).

앞서 2강 '나는 누구인가 – 내가 바라보는 나, 타인이 바라보는 나'에서 논의했던 나르시스트들의 사례를 기억하는가? 일반적으로 자신의 모습을 긍정적으로 바라보는 것은 삶을 더 건강하고 풍요롭게 만들며 더 나은 삶을 향해 나아가기 위한 동기를 부여한다. 하지만 나르시스트의 경우는 현실 속의 자기 자신의 모습을 초라하다 생각하고 혐오하기에 있는 그대로의 자기 모습을 부인한다. 그 대신 '우월하고 뛰어난 나'라는 거짓된 자기의 모습을 창조하고 이를 유지하는 데만 힘쓴다.

이는 아들러가 제시한 열등감 및 열등감 콤플렉스와 맥을 같이 한다. 열등감은 개인의 불완전성에서 비롯하며 이러한 불완전성을 극복하기 위한 동기와 노력으로 이어져, 궁극적으로 자신의 성장과 발전에 기여한다. 이와는 달리 열등감 콤플렉스는 자신의 불완전성에 대한 부인과 회피로 이어지며 이를 감추기 위해 자신을 과다하게 우월하게 인식함으로써, 진정한 자기 자신의 모습으로부터 점점 멀어진다. 이러한 자기 자신으로부터의 도피는 결국 높은 불행감과 우울, 대인관계로부터의 소외 등 여러 부정적인 삶의 경험으로 이어진다.

3. 열등감, 어떻게 사용할 것인가?

끝없는 경쟁과 평가를 특징으로 하는 현대 자본주의 사회에서 개인은 살아남기 위해 또 더 앞으로 나아가기 위해 끊임없이 자신과 타인을 비교하게 된다. 특히 한국 사회는 '명문대', '대기업', '높은 연봉', '비싼 동네의 아파트 소유', '외제차 소유'와 같은 극히 일부의 기준만을 성공의 척도로 인정하는 등 성공의 기준이 획일적이고 물질적 측면에 초점이 많이 맞춰져 있는 사회로, 이러한 성공의 기준은 많은 사람들에게 비현실적이다. 따라서 이러한 기준을 만족하는 극소수의 개개인을 제외하고 대다수의 사람들은 열등감을 느낄 수밖에 없게 된다. 물론 이 외에도 신체적 특성, 자질 등 많은 측면에서 개인은 스스로에 대해 열등감을 느낄 수 있다.

한편, 열등감과 열등감 콤플렉스를 구분하며 열등감의 긍정적인 측면에 초점을 맞추는 아들러의 개인심리학 이론은 우리가 우리 자신의 불완전성과 열등감에 대해 어떠한 자세를 가져야 하는지에 대해 많은 생각할 거리를 제공한다. 다시 말해 아들러는 정말 중요한 것은 열등감이 아니라 열등감에 대해 우리가 가져야 할 태도라는 점을 일깨워준다. 열등감에 대해 수용하고 이를 극복하려는 태도를 견지한다면 열등감은 오히려 나를 자극하고 발전시키는 동력이 된다고 주장한 아들러의 개인심리학적 관점은 우리에게 반문한다. 스스로가 가진 불완전성을 인정하고 그로부터 발현되는 열등감을 성장과 발전을 위한 동력으로 삼을 것인가? 아니면 스스로가 가진 열등감의 원천인 불완전성을 회피하고 부인하면서 살아갈 것인가?

열등감 검사

지시문

아래 열등감 검사 문항을 바탕으로 자신이 열등감을 느끼는 측면이 있는지 만약 있다면 주로 어떤 측면인지에 대해 탐색해 봅시다.

1. 각 문항에 대해 자신을 가장 잘 나타내는 응답지를 고르고, 아래 채점 기준에 따라 '신체요인 열등감', '학업·능력 요인 열등감', '가정 요인 열등감', '사회·대인관계 요인 열등감'의 점수를 구하시오.

2. 자신의 조원들과 각 항목의 점수를 비교해 보고 자신이 열등감을 주로 느끼는 측면이 어떤 측면인지 또 왜 그 측면에 대해 주로 열등감을 느끼게 되었는지에 대해 자유롭게 토의하시오.

전혀 그렇지 않다				매우 그렇다
1	2	3	4	5

신체요인 열등감

1. 나는 나보다 외모가 뛰어난 사람을 보면 열등감을 느낀다.	1	2	3	4	5
2. 나는 머리가 나쁜 것 같아서 열등감을 느낀다.	1	2	3	4	5
3. 나는 키에 대하여 열등감을 느낀다.	1	2	3	4	5
4. 나는 피부(색깔이나 상태)에 대하여 열등감을 느낀다.	1	2	3	4	5
5. 나는 몸이 약해서 튼튼하고 건강한 사람들을 보면 열등감을 느낀다.	1	2	3	4	5
6. 나는 뚱뚱해서(혹은 말라서) 열등감을 느낀다.	1	2	3	4	5
7. 나는 질병이나 신체적 결함이 있어서 열등감을 느낀다.	1	2	3	4	5
8. 나는 근육이 잘 발달된 사람을 보면 열등감을 느낀다.	1	2	3	4	5

학업·능력요인 열등감

9. 나는 공부를 잘하는 또래 대학생을 보면 열등감을 느낀다. 1 2 3 4 5
10. 나는 전공성적을 잘 받는 또래 대학생을 보면 열등감을 느낀다. 1 2 3 4 5
11. 나는 유능하고 똑똑한 또래 대학생을 보면 열등감을 느낀다. 1 2 3 4 5
12. 나는 예체능(음악, 미술, 노래, 춤 등)을 잘하는 친구나 또래 대학생을 보면 열등감을 느낀다. 1 2 3 4 5
13. 나는 운동선수나 운동을 잘 하는 친구나 또래 대학생을 보면 열등감을 느낀다. 1 2 3 4 5
14. 나는 나보다 좋은 대학에 다니는 친구나 또래 대학생을 보면 열등감을 느낀다. 1 2 3 4 5
15. 나는 글을 잘 쓰는 친구나 또래 대학생을 보면 열등감을 느낀다. 1 2 3 4 5
16. 나는 판단과 결단력이 빠른 사람을 보면 열등감을 느낀다. 1 2 3 4 5

가정요인 열등감

17. 나는 아버지(혹은 어머니)의 학력이 낮아서 열등감을 느낀다. 1 2 3 4 5
18. 나는 아버지(혹은 어머니)의 직업이 좋지 않아 열등감을 느낀다. 1 2 3 4 5
19. 나는 우리 집이 가난해서 열등감을 느낀다. 1 2 3 4 5
20. 나는 형제나 친척들 중 잘난 사람(직업,학력,지위,명예)이 없어서 집안에 대해 열등감을 느낀다. 1 2 3 4 5
21. 나는 문화시설(좋은 승용차 등)을 잘 갖춘 집에 가면 열등감을 느낀다. 1 2 3 4 5
22. 우리 집은 가정불화가 심해 가정에 대해 열등감을 느낀다. 1 2 3 4 5
23. 나는 부모님의 사회적 지위가 낮아 지위가 높은 사람을 보면 열등감을 느낀다. 1 2 3 4 5

사회·대인관계 요인 열등감

24. 나는 여러 사람 앞에서 말을 잘 하는 사람을 보면 열등감을 느낀다. 1 2 3 4 5
25. 나는 리더십이 강한 사람에게 열등감을 느낀다. 1 2 3 4 5
26. 나는 사교성이 좋은 사람에게 열등감을 느낀다. 1 2 3 4 5
27. 나는 적극적이고 활동적인 사람에게 열등감을 느낀다. 1 2 3 4 5
28. 나는 이성 친구를 잘 사귀는 사람에게 열등감을 느낀다. 1 2 3 4 5
29. 나는 성격이 매우 외향적인 사람에게 열등감을 느낀다. 1 2 3 4 5
30. 나는 주위 사람들로 인정받는 사람에게 열등감을 느낀다. 1 2 3 4 5
31. 나는 재치 있고 유머가 뛰어난 사람에게 열등감을 느낀다. 1 2 3 4 5

출처: 김보경. (2016). 중학생의 열등감과 진로의사결정 관계에서 자기격려의 조절효과. 제주대학교 교육대학원 상담심리전공 석사학위 청구논문.

참고: 논문에 인용된 원 문항은 청소년을 대상으로 개발된 문항으로 각 문항을 대학생의 맥락에 맞게 수정하여 본 강의교재에 수록하였다.

나의 열등감 탐색 및 태도 결정하기

주제에 맞게 두 건의 에세이를 작성하시오. 한 건은 스스로가 가진 열등감의 탐색에, 다른 한 건은 그 열등감을 어떻게 대했으며 앞으로 어떻게 대할 것인가에 초점이 맞추어져 있습니다.

1. 열등감 찾아보기

나 자신이 가진 열등감은 어떤 것이 있는가? 열등감의 원천이 되는 나 자신의 불완전성은 무엇이라고 스스로 생각하는가? 본인의 열등감과 왜 스스로가 현재의 열등감을 가지게 되었는지에 대해 자세히 기술하시오.

2. 열등감에 대한 나의 태도

나는 이제껏 나의 열등감에 대해 어떤 태도를 취해왔는가? 이를 극복하기 위해 노력해 왔는가? 혹은 회피해 왔는가? 혹은 둘 다인가? 열등감을 극복하기 위해서 혹은 열등감으로부터 회피하기 위해서 본인이 이제껏 어떤 구체적인 생각과 활동을 해왔는지 기술하고 그러한 활동이 본인에게 어떠한 영향을 미쳤는지에 대해서 자세히 기술하시오.

3. **이제부터 어떻게 할 것인가?**

이제까지 열등감에 대해 어떤 태도를 취해왔는지와 관계없이, '앞으로는 나의 열등감에 대해 어떤 태도를 취하고 싶은가?'에 대한 주제로 자유롭게 에세이를 작성하시오.

7강

자아존중감과 건강한 자아

"Be yourself. Everyone else is already taken."

"그대 자신이 되십시오. 다른 사람은 이미 존재합니다."

- 오스카 와일드(Oscar Wilde)

자아존중감은 아마 가장 널리 알려진 사회심리학 개념 중 하나일 것이다. 미디어에서 많은 전문가들이 삶에서 왜 자아존중감이 중요한지에 대해 역설하고 있고, 육아, 학교생활, 인간관계, 학업, 직장생활 등 다양한 일상생활의 영역에서 나타나는 많은 문제점의 근원이 자아존중감이 부족하기 때문인 것처럼 이야기된다. 많은 사람들이 어떻게 하면 자아존중감을 기를 수 있는지에 관심을 가지며, 이러한 관심은 특히 아이를 기르는 부모들에게서 지대하다.

한편, 이렇게 많이 소비되는 만큼 자아존중감은 많은 오해를 받고 있는 개념이기도 하다. 외제차와 명품을 소비하며 다른 사람들의 시선을 한 몸에 받는 화려하고 멋진 삶이 마치 높은 자아존중감과 동일한 개념인 듯이 이야기되고 있으며, 아이를 키우는 부모들은 아이들의 잘못된 행동도 무조건 감싸주는 것이 아이들의 자아존중감을 키워주는 것이라 생각한다.

이러한 사회적인 인기와 오해가 대변하듯이, 자아존중감은 사회심리학에서 자아에 대해 이야기할 때 빼놓을 수 없는 굉장히 중요한 개념으로 다양한 우리의 삶에 큰 영향을 미친다. 본 강에서는 자아존중감이 무엇인지에 대해 논의하고 자아존중감에 대해 사회적으로 널리 알려진 오해들에 대해 고찰하며 자아존중감이 우리 삶에 어떻게 기능하는지에 대해 알아보고자 한다. 마지막으로 자아존중감을 증진시킬 수 있는 방법에 대해 고찰해 볼 것이다.

1. 자아존중감은 무엇인가?

자아존중감은 사회심리학 분야에서 가장 많이 연구가 되어 온 개념 중 하나로 현대심리학의 아버지라 불리는 윌리엄 제임스(William James)에 의해 처음 제시되었다. 이후 수십 년간 여러 많은 심리학자들에 의해 재연구되고 재해석 되어왔다. 자아존중감에 대한 유명한 사회심리학자들의 정의는 아래와 같다.

- 자신에 대한 긍정적 혹은 부정적 태도(Rosenberg, 1965)
- 자신에 대한 긍정적 혹은 부정적 평가와 관련되며 자신을 존중하고 자신을 가치 있는 사람으로 생각하는 정도(Coopersmith, 1967)
- 개인이 자신에 대해 갖는 태도 속에 나타나는 자신에 대한 가치의 판단 (Brown, 1993)

이렇듯 자아존중감에 대한 다양한 정의가 존재하지만, 이러한 정의를 관통하는 핵심 측면은 바로 자기 자신에 대한 '가치 평가'와 '신념'이라는 두 가지 측면이다. 자아존중감은 '자기 자신에 대해서 얼마나 긍정적 혹은 부정적으로 평가하느냐'와 관련된 개념으로 긍정적 혹은 부정적 태도 부분이 바로 자아존중감의 평가적 속성이라 할 수 있다. 중요한 점은 이러한 자기평가가 바로 스스로의 신념에 기반을 두고 있다는 것이다. 비록 자신의 외적·물질적 조건이 다소 열악하더라도 스스로에 대해서 가치롭고 의미 있는 존재라고 생각하면 개인은 자신에 대해 긍정적으로 평가하게 된다. 반면에 자신의 외적·물질적 조건이 아무리 뛰어나다 할지라도 스스로에 대해 가치롭고 의미 있는 존재로 여기지 않는다면 그는 스스로에 대해 긍정적으로 평가할 수 없게 된다.

2. 사례 비교를 통해 보는 자아존중감의 핵심 구성요소

아래 두 인물의 사례를 읽고 둘 중 누가 자아존중감이 높은지에 대해 생각해 보자. 각 인물이 보여주는 어떤 특성에서 이를 유추해 볼 수 있는가?

겨울이(31)는 요즘 사회에서 소위 말하는 잘 나가는 젊은 벤처사업 CEO이다. 그녀는 대학교 3학년 때 마음이 맞는 친구 2명과 함께 인터넷 천연화장품 쇼핑몰 '천연뷰티'를 열었다. 주로 대학생들을 타겟으로 한 당돌하고 참신한 마케팅과 양질의 상품을 통해 그녀의 쇼핑몰은 소위 말하는 대박이 터졌다. 현재 월 7,000만 원 이상의 순 매출을 올리고 있으며, 최근에는 한 신문사에서 선정한 '올해의 젊은 벤처사업가'에 당당히 이름을 올리기도 했다. 개인적으로는 30여 평이 넘는 자신만의 아파트와 근사한 자동차를 장만했으며, 30대 초반 여성으로서는 일반적으로 향유하기 힘든 호화로운 삶을 누리고 있다. 많은 사람들이 그녀의 인생을 성공의 표본이라며 이야기한다.

하지만 그녀는 항상 불안하다. 사람들이 자신을 칭찬하고 자신의 상품에 열광하고 매스컴에서 자신의 성공스토리에 대해 이야기할 때 그녀는 자신이 한없이 가치로운 것 같지만, 오피스텔에 들어와 혼자만의 시간을 가질 때는 불안감을 떨쳐낼 수가 없다. 그녀는 사실 소위 말하는 금수저이다. 실제로 그녀 사업의 초기 성공은 공격적인 마케팅과 더불어 꽤 높은 수준의 화장품을 대학생도 구매할 수 있을 정도로 비싸지 않은 가격에 판매한 판매 전략 덕분이었으며, 이를 가능케 한 초기 투자 자금의 출처는 그녀의 부모님이었다. 그녀는 지금 자기가 이룩한 이 모든 것이 없어지면 자신은 쓸데없는 존재가 될 거라는 생각에서 벗어날 수가 없다. 사실 대학생 시절 공부나 대외활동을 할 때도 그녀는 언제나 다른 사람들의 인정을 받아야만 마음이 편했다. 어쩌면 그러한 생각 때문에 지난 몇 년간 사업에 죽기 살기로 몰두해 왔다. 특히, 최근 경기가 어려워지면서 천연뷰티의 매출 또한 하락세를 보이고 있어 이러한 불안감은 점점 커지고 있다. 비록 그녀는 바깥에서는 능력 있는 젊은 사업가로 칭송받고 있지만, 과연 앞으로도 지금처럼 사업을 잘 꾸려나갈 수 있을지 스스로에 대해 의문이 든다.

–

봄이(29)는 비록 졸업학점은 모두 이수했지만 높은 취업문으로 인해 이번 년도에도 취업에 실패한 후 두 번째 졸업 연기를 신청했다. 취업난이라지만 주변에 친하게 지내던 선배들은 그래도 대부분 나쁘지 않은 곳에 자리를 잡았다. 심지어 같이 취업 스터디를 하던 멤버들 또한 거의 취업에 성공하고 이제 그만 남은 상태이다. 집에 가만히 있으면 부모님께 죄송스러운 마음이 들어 아침 일찍 나가서 저녁 늦게까지 학교 도서관에서 스펙을 쌓기 위한 공부를 하고 또 대외활동도 하며 원서를 쓰고 있지만 결과는 대부분 실망스럽다.

사실 그가 아직 취업을 하지 못한 이유는 하고 싶은 게 있기 때문이다. 그는 해외 영업사원이 되고 싶다. 세계를 다니며 회사 제품의 우수성을 홍보하고 새로운 판로를 개척하며 국제경험도 많이 쌓는 것이 그의 목표이다. 하지만 가끔 그 꿈을 쫓아가다가 아직까지 자리를 잡지 못하고 있는 자신의 현실에 답답함을 느끼며, 가끔 그냥 연봉과 조건만 맞춰 아무 데나 갈까라는 생각도 든다. 하지만 그는 적어도 내년까지는 자신의 꿈을 위해 계속 도전해 볼 생각이다. 실제로 대다수 서류전형에서부터 탈락하던 작년과는 달리 그는 이번에 꽤 많은 회사로부터 면접 요청을 받았고 최종 면접도 몇 군데 다녀왔다. 비록 최종 결과는 고배였지만 그는 여전히 취업에 성공할 수 있다고 믿는다.

겨울이와 봄이 중 누가 더 자아존중감이 높다고 볼 수 있는가? 또 그 이유는 무엇인가? 겨울이와 봄이는 서로 다른 수준의 삶을 살고 있다. 일반적인 사회적 기준이라는 관점에서 고려하면, 겨울이는 상당히 성공한 삶을 살고 있는 반면 봄이는 그렇지 못하다. 하지만 자기 자신에 대한 태도라는 측면에서 볼 때, 봄이는 스스로에 대해 안정적이고 긍정적인 태도를 지니고 있는 반면 겨울이는 그렇지 못하다. 따라서 봄이의 자아존중감은 높은 반면 겨울이의 자아존중감은 낮다고 볼 수 있다.

그렇다면 자아존중감은 어떠한 요소로 구성되어 있을까? 로이 바우마이스터(Roy Baumeister)와 너새니얼 브랜든(Nathaniel Branden)에 의하면, 자아존중감을 구성하는 핵심 요소로는 자기수용(self-acceptance), 자기가치감(self-worth), 자기효능감(self-efficacy)를 들 수 있다(Baumeister, 1993; Branden, 1995). 이 세 가지 요소는 높은 자아존중감을 지닌 사람들에게서 자주 발견되는 특성이기도 하며, 앞서 살펴보았던 다른 요소들과 마찬가지로 이 세 가지 구성요소 역시 서로 연관되어 있다.

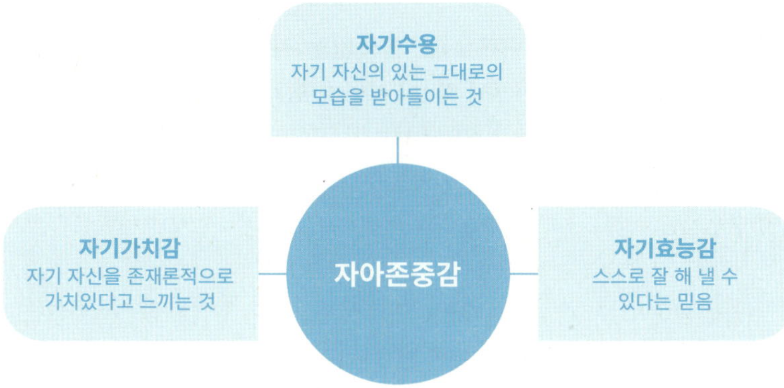

<그림 7-1> 자아존중감의 세 가지 주요 구성요소

1) 자기수용(self-acceptance)

입시 실패, 시험 불합격, 취업 실패, 해고 통보, 사업 실패, 성적 하락, 고백 거절 등 인간은 누구나 살아가면서 크고 작은 다양한 실패를 겪는다. 하지만 실패에 대해 어떻게 대응하는가는 사람에 따라 다양한 차이가 있다. 어떤 사람은 실패를 배움의 기회로 삼고 성장하는 반면 어떤 사람은 실패를 견디지 못한다. 사회심리학 연구들은 높은 자아존중감을 보유한 사람들이 이러한 실패를 더 잘 견디며 실패를 성장의 계기로 삼는다는 것을 보여주고 있다. 그렇다면 자아존중감의 어떤 측면이 자기수용과 연관된 것일까? 바로 높은 자기수용(self-acceptance)이다.

자아존중감이 높은 사람들은 실패와 역경 속에서도 스스로에 대해 높은 수준의 자기수용을 보인다. 그들은 생각한다. '노력해서 준비하던 시험에 떨어졌네? 하지만 이와 무관하게 나는 가치 있는 사람이야. 아직 세상이 끝난 것도 아니고. 이번에 왜 떨어졌는지 다시 분석하고 더 열심히 공부해서 다음에는 합격하도록 하자' 높은 수준의 자아존중감은 자아존중감이 높은 사람들은 자신의 실패, 실수, 결점 등을 대체로 잘 수용하고 그것을 발전의 발판으로 삼는다. 반면에 자아존중감이 낮은 사람들은 대체적으로 자신의 실패와 허물을 잘 수용하지 못한다. 자아존중감이 낮은 사람들에게 실패, 실수, 혹은 결점과 같은 것들은 자신을 위협하고 가치를 떨어뜨리는 것으로 인식되기 때문이다. 그들은 생각한다. '시험에 떨어지다니… 나는 쓸모없는 사람이야. 다른 사람들도 모두 나를 비난할 거야.' 자아존중감이 낮은 사람은 자기수용을 잘하지 못하기 때문에, 실패나 역경 앞에서 자신의 에너지를 성장과 발전에 사용하기보다는 스스로를 비난하는 데 사용한다.

앞서 살펴본 봄이의 사례에서, 지속되는 취업 실패에 스스로와 현실에 대해 답답함을 느끼기는 하지만 그래도 봄이는 '취업에 실패한 자기 자신'의 모습을 있는 그대로 받아들이면서 스스로가 이루고자 하는 목표를 잃지 않았다. 나아가 그 꿈을 이루기 위해 현실 속에서 최선의 노력을 해나가고 있다. 이는 봄이가 '취업의 실패'라고 하는 바람직하지 않은 현실을 있는 그대로 받아들이고 있기에 가능한 일이라 할 수 있다. 한편 겨울이의 경우, 비록 굉장한 사업 성공이라는 바람직한 현실을 경험하고 있음에도 불구하고 이러한 성공의 현실을 잘 받아들이지 못한다.

2) 자기가치감(self-worth)

자아존중감이 높은 사람들이 실패와 역경 속에서도 높은 자기수용을 보일 수 있는 중요한 이유 중 하나는 그들이 보유한 높은 자기가치감(self-worth)이다. 자아존중감이 높은 사람들은 물질적 조건, 나에 대한 타인의 시선, 도전에 대한 성공과 실패의 여부 등에 상관없이 존재 자체로서의 자신을 사랑하고 자신의 가치를 인정한다. 하지만 이렇게 자신의 가치를 인정하는 것이 타인에 대한 우월감으로 이어지는 것은 아니다. 그들은 자신이 가치가 있는 것처럼 타인도 가치가 있다고 생각하며, 자신을 존중하는 것처럼 타인도 존중해야 한다고 생각한다. 반면에, 자아존중감이 낮은 사람들은 자신이 존재론적으로 가치롭다는 사실을 인정하지 못한다. 따라서 이들은 자신의 가치를 외부에서 확인받고 싶어 하며 이를 위해 다양한 외부적인 조건들에 눈을 돌리고 이런 조건들을 갖추기에 힘쓴다. 스스로가 가치롭다는 사실을 인정받기 위해서 어떤 이들은 명예, 부, 혹은 지위를, 어떤 이들은 누군가의 사랑 또는 인정을, 혹은 타인의 긍정적인 평판에 목을 매게 된다. 이들은 명예, 부, 지위와 같은 것들이 충족되었을 시

일시적으로 자기 자신이 가치 있는 존재라는 느낌을 받는다. 그러나 이는 오래 가지 못한다.

앞서 살펴본 겨울이의 경우 그녀가 느끼는 자기가치감은 타인의 시선에 달려있으며 또 일시적이다. 사람들이 그녀에 대해 긍정적으로 이야기하고 그녀의 성공스토리에 찬사를 보낼 때 그녀는 가치감을 느끼지만, 이는 그때뿐이다. 그녀는 스스로에 대해 존재론적으로 가치감을 느끼지 않으며 따라서 항상 불안하다. 한편, 봄이는 자기 스스로가 가치로운 존재라는 점을 느낀다. 따라서 그의 중요한 삶의 목표를 포기하지도 않는다. 어려움 속에서도 그는 자신의 에너지를 온전히 목표 달성을 위해 쏟고 있으며 또 할 수 있다고 믿는다. 지속된 취업 실패 경험에도 불구하고 봄이는 스스로의 존재론적인 가치에 의문을 품지 않으며 이것이 그가 꾸준히 꿈을 추구해 나갈 수 있는 이유이다.

3) 자기효능감(self-efficacy)

자기효능감은 특정한 과제나 업무를 성공적으로 수행할 수 있을 것이라는 신념이다. 대학생들의 경우 특히 학업이 중요한 생애 과업이기에, 학업에 대한 자기효능감이 특히 대학생의 삶의 질에 중요한 부분을 차지한다. 자아존중감이 높은 사람은 대체로 특히 자기 자신이 중요하게 생각하는 일과 관련하여, 그 일을 잘해 낼 것이라고 생각하는 경향이 강하다. 그렇기 때문에 어떤 일을 하거나 무언가를 배우려 할 때, 다소 어려움이 예상되더라도 그 일이 자신에게 중요하고 또 성장에 도움이 된다고 판단되면 도전을 기꺼이 하는 경향이 있다. 할 수 있다는 믿음을 바탕으로 꾸준히 노력을 기울이기 때문에 목표로 했던 과제를 달성할 확률도 높다. 이러한 성공은 다시금 더욱 높은 자아존중감으로 이어지며, 이는 다시금 개인의 성장을 위한 도전으로 이어지는 선순환 구조를 만들게 된다. 반면에 자아존중감이 낮은 사람들은 스스로 어떤 과업을 잘해 낼 수 있다는 생각이 약하기 때문에, 스스로를 성장시킬 수 있는 도전을 회피하려는 경향을 보이며 이는 다시 자아존중감을 높일 수 있는 기회의 박탈로 이어진다.

겨울이의 경우 그녀의 성공을 가능케 한 사업 모델의 핵심이 부모님으로부터 투자받은 초기 자본이긴 하지만 이를 활용해 성공한 사업 모델을 만든 것은 자신이다. 하지만 대단한 성공 경험과 외부의 찬사에도 불구하고 그녀는 스스로의 능력에 대해 의문을 품고 있으며, 이러한 의구심은 매출의 하락세와 더불어 심화되었다. 한편, 봄이는 취업 실패에도 불구하고 여전히 자신이 성공할 수 있다고 믿는다. 이러한 믿음은 봄이가 불안해하지 않고 자신의 에너지를 '해외영업사원'이 되는 것이라는 목표를 향해 온전히 쏟아부을 수 있는 원천으로 기능하고 있다.

3. 자아존중감의 핵심 기능: 회복탄력성

비록 개개인이 처한 조건에 따른 차이는 있을지라도 우리 대부분의 삶은 수많은 역경과 고난 그리고 불확실성으로 가득 차 있다. 따라서 행복하고 좋은 삶이란 마치 바람 한 점 없는 잔잔한 바다와 같이 삶과 관련된 그 어떤 근심과 걱정과 현실적인 어려움이 없을 때만 누릴 수 있는 수동적인 조건이 아니다. 행복하고 좋은 삶은 풍랑과 암초, 때로는 거센 폭풍우가 몰아치는 삶 속에서도 적극적으로 찾아가야만 하는 하나의 지향점이다. 따라서 내가 경험하는 다양한 역경과 고난을 어떻게 받아들이고 헤쳐 나갈 것인지가 삶의 질을 결정짓는 중요한 요인이라 할 수 있다. 사회심리학 연구는 이렇듯 삶이 역경과 고난에 처했을 때 얼마나 빨리 회복하고 일상으로 되돌아오는가와 관련된 중요한 심리적 특성으로 심리적 회복탄력성(psychological resilience) 혹은 회복탄력성(resilience)에 주목하고 있다. 실제로 조직 생활, 스포츠, 교육 등 다양한 분야의 심리학 연구는 회복탄력성이 역경과 어려움에 대한 대처와 극복 그리고 삶의 질에 영향을 미치는 핵심 변인임을 밝히고 있다(Fletcher & Sarkar, 2013).

자아존중감과 관련된 세 가지 핵심 요소인 자기수용, 자기가치감, 자기효능감은 개인의 회복탄력성과 높은 관련이 있다. 자아존중감이 높은 사람은 역경과 고난 속에서도 자기 자신이 가치 있는 존재라는 사실에 대한 굳건한 믿음이 있고 이를 이겨낼 수 있다는 높은 자기효능감을 갖고 있기에 역경과 고난에 의연히 대처한다. 물론 자아존중감이 높은 사람들이 역경과 고난에 대해 '왜 이런 일이 나한테만 생기는 것인가?'와 같은 고민을 하지 않는다거나 억울감이나 분노를 전혀 느끼지 않는다는 것은 아니다. 비록 이러한 역기능적인 감정을 느끼더라도 이로부터 금방 회복하여 현실을 있는 그대로 받아들인다. 정확한 현실 인식을 바탕으로, 그 안에서 어떻게 문제를 해결할 수 있으며 그 과정에서 어떻게 자신을 성장시킬 수 있는지에 대한 최선의 방법을 찾아낸다.

한편 자아존중감이 낮은 사람들은 삶의 역경과 고난에 쉽게 휘둘리며 이로부터 회복하여 다음 과정으로 나가는 데 어려움을 겪는다. 이들은 기본적으로 자기 자신이 가치로운 존재라는 근본적인 믿음과 더불어 어떤 일에 맞닥뜨리더라도 이를 스스로 잘 헤쳐 나갈 수 있을 것이라는 신념이 부족하기에 외부로부터의 풍랑에 취약하다. 이들은 어려움에 맞닥뜨렸을 때, 삶의 어려움을 자신에 대한 존재론적인 위협으로 느끼며 따라서 현실을 부인하거나 회피한다. 물론 이러한 부인과 회피는 문제를 해결하는 데 도움이 되지 않으며 현실의 악화로 이어지는 경우가 많다. 자아존중감이 낮은 사람들에게 이는 더욱 큰 존재론적 위협으로 느껴지며, 이는 더욱 크나큰 현실 왜곡이나 부인으로 이어지게 된다.

요컨대, 개인이 한 그루의 나무라면 자아존중감은 뿌리와 같은 역할을 한다고 볼 수 있다. 깊게 뿌리 박힌 나무는 아무리 세찬 바람에도 중심을 잃지 않고 그 자리를 꼿꼿하게 지키는 것처럼 높은 자아존중감을 가진 사람들은 인생의 역경 속에서도 자기 자신을 잃지 않고 어려움을 기회로 삼는다. 하지만 뿌리가 약한 나무는 조금만 강한 바람이 불어도 바람에 휘둘리며 끝내 뿌리채 뽑혀져 나가듯이 자아존중감이 낮은 사람들은 어려움에 맞닥뜨리면 쉽게 흔들리며 이내 자신의 중심을 잃어버리고 만다.

4. 자아존중감을 둘러싼 오해 및 자아존중감 증진

자아존중감은 널리 알려진 개념인 만큼 관련된 오해도 많다. 그리고 이러한 오해는 효과적인 자아존중감의 증진에 장애가 된다. 자아존중감과 관련하여 대표적인 오해로 1) 자아존중감이 어린 시절 이후 변화가 가능하지 않다는 것, 2) 자아존중감이 무조건적 칭찬과 인정으로부터 비롯된다는 것, 3) 외부적 조건의 개선이 자아존중감의 증진에 도움이 된다는 것 등이 있다.

1) 자아존중감과 관련된 대표적 오해

첫 번째 오해: 자아존중감은 어릴 때 받은 사랑에 의해 결정되고 이후에는 키울 수 없다. 비록 대중매체에서 자아존중감에 대해 이야기하는 여러 전문가들이 자아존중감이 노력으로 향상될 수 있다고 이야기하지만, 여전히 꽤 많은 사람들이 자아존중감이 어린 시절 한 번 형성된 이후에는 변할 수 없는 특질이라는 믿음을 가지고 있다. 이러한 믿음은 어린 시절의 경험이 개인의 특성을 대부분 결정해 버린다고 주장한 지그문트 프로이트(Sigmund Freud)를 비롯한 초기 정신분석학자들의 주장에서 비롯된 것으로 보인다. 예컨대, 프로이트는 인간의 성격 발달에 관한 그의 이론에서 인간의 성격적 특성은 대략 4-5세, 길게 보아도 12세 전후 시기에 모두 형성되며 그 이후에는 바뀌지 않는다고 보았다. 하지만 최근의 사회심리학 연구 결과들은 비록 어린 시절이 개인의 성격적 특성의 형성에 중요한 시기이기는 하지만, 이후의 경험과 노력에 의해서 개인의 특성은 얼마든지 변화할 수 있다는 사실을 밝히고 있다. 이러한 특성에 자아존중감 역시 포함된다.

두 번째 오해: 자아존중감은 무조건적인 칭찬과 인정으로부터 비롯된다. 꽤 많은 자녀를 키우는 한국의 부모들이 자아존중감에 대해 자주 가지는 오해로, 이러한 믿음을 가진 부모들은 아이의 잘못이나 결함에도 불구하고 이를 감싸려고만 하거나 오히려 아이의 잘못의 대상이 된 피해자를 탓하기도 한다. 나아가 잘못을 했음에도 불구하고 자기 잘못을 인정하는 것은 자기 자아존중감을 깎는 일이라며 잘못을 인정하지 않거나 책임을 피해자에게 전가하는 사람도 간혹 존재한다.

자아존중감과 관련하여 전문가들이 이야기하는 '무조건적인 사랑과 인정'은 부모의 경우 아이를 혹은 스스로를 존재론적으로 사랑하고 인정하라는 뜻일 뿐 잘못과 결함을 무조건적으로 감싸주라는 뜻이 아니다. 만약 부모가 아이를 정말 사랑한다면, 아이의 잘못과 결함을 보완하는 방향으로 아이를 훈육할 것이다. 마찬가지로 개인이 자기 자신을 진정으로 사랑하고 인정한다면, 자신의 잘못을 순순히 인정하고 사과하며 용서를 구하는 태도를 보일 수 있다.

세 번째 오해: 외부적 조건의 향상이 자아존중감의 증진에 도움이 된다. 자아존중감과 관련된 가장 대표적인 오해 중 하나이다. 많은 사람들이 낮은 자아존중

감을 외부적 조건을 향상시킴으로써 벌충하고자 하고 또 벌충될 수 있다고 믿는다. “나 이번 주에 우울하고 자존감이 떨어진 거 같아서 이번 주에 백화점에 가서 쇼핑해서 자존감 채우려고”와 같은 일상적인 말은 이러한 믿음을 반영한다고 할 수 있다. 실제로, 많은 사람들이 이러한 믿음을 바탕으로 명품 가방이나 시계, 외제차 등 사치품을 사거나 럭셔리 해외여행을 가서 찍은 사진들을 SNS에 자랑한다. 혹은 성형수술을 통해 자신의 외모를 더 향상시킨다. 그리고 실제로 이렇듯 자신의 외부적 조건을 향상시키는 것은 자신에 대한 주변 사람들의 관심과 호감도를 일시적으로 증가시킴으로써, 자아존중감이 높아진 것과 같은 효과를 보이기는 한다. 하지만 이는 타인의 관심을 받음으로써 잠깐 나타나는 일시적인 효과일 뿐이며 주변 사람들의 관심이 식으면 사라지는 일종의 신기루와 같다. 진정한 자아존중감은 내면으로부터 비롯되며 외부적 조건에 의해 크게 영향받지 않는다.

2) 자아존중감 증진

인간은 생애 동안 끝없이 변화하고 성장하는 존재로 자아존중감 역시 삶의 경험과 노력을 통해 증진시킬 수 있다. 독일의 상담심리학자 롤프 메르클레(Rolf Merkle)는 자기 스스로에 대한 사랑과 자아존중감을 증진시키기 위한 열 가지 방법을 제시했으며, 이 중 다섯 가지를 발췌해 소개하고자 한다(Merkel, 2007; 허창덕, 정윤조, 2024).

<표 7-1> 자아존중감 증진을 위한 5가지 실천 사항

자아존중감 증진을 위한 5가지 실천 사항

① 자기 자신에게 “난 네가 좋아!”라고 이야기하기
② 부정적인 자기모습과 화해하기
③ 칭찬을 흔쾌히 받아들이기
④ 자신에게 마음 편하게 살 권리를 인정하기
⑤ 자신의 장점을 분명하게 깨닫고 ‘나는 할 수 있다’라는 생각에 익숙해지기

출처: Merkle, R. (2007). 자기 사랑의 심리학. 21세기북스. 장현숙 역.

첫 번째 실천 사항: 자기 자신에게 "난 네가 좋아!"라고 이야기하기. 성별·문화·종교 등에 따라 표현 방식과 표현 정도의 차이는 있을 수 있지만, 대부분의 인간은 자신의 가족, 친구, 애인에게 '좋아함'을 표현한다. 하지만 자기에게 사랑을 표현하는 것에 대해서는 어떠한가? 우리는 아주 당당하고 자신 있게 자신을 향해 "○○야, 나는 네가 아주 좋아!"라고 이야기할 수 있는가? 특히 자신을 드러내지 않는 것을 미덕으로 삼는 한국문화로 인해 많은 사람들이 자기 자신을 사랑한다고 표현하는 것에 어색해하거나 어려움을 겪는다. 하지만 Merkel은 자신에게 자신이 좋다고 말하는 것이 자아존중감을 증가시킬 수 있는 매우 효과적인 방법이라고 추천한다. Merkel에 의하면, 아침에 일어나, 그리고 저녁에 자기 전 거울을 들여다보면서 매일 하루에 열 번씩 자신에게 "○○야, 난 네가 좋아"라고 크게 이야기해야 한다. 적어도 석 달간 실천해야 한다.

두 번째 실천 사항: 부정적인 자기모습과 화해하기. 세상에 완벽한 사람은 없으며 아무리 대단하고 위대해 보이는 사람에게도 결함과 부정적인 면이 있다. 자신이 가진 어떤 결함이든지 그저 먼저 받아들이고 수용하라. 그리고 그것을 포함한 전체적인 나 자신을 바라보라. 그저 있는 대로, 나의 일부분으로 받아들여라. 단점을 나의 일부로 인정하는 순간 그 변화는 시작된다. 앞서 6강에서 다룬 아들러의 '열등감'과 '열등감 콤플렉스'의 차이를 기억하는가? 개인이 받아들이고 수용한 결점이나 결함은 열등감이며 이는 개인의 성장과 발전을 위한 근간이 된다. 하지만 개인이 받아들이지 않고 부인하는 결점이나 결함은 열등감 콤플렉스가 되며 이는 개인의 성장과 발전에 도움이 되지 않으며 장기적으로는 삶에 부정적인 영향을 끼치게 된다.

세 번째 실천 사항: 칭찬을 흔쾌히 받아들이기. 많은 한국 사람들이 칭찬을 받는데 익숙하지 못하다. 칭찬에 대한 우리의 대답은 대체로 이런 것들이다. "그저, 운이 좋았을 뿐입니다." "아니에요. 뭘 그런 것을 가지고 그러십니까?" 혹은 "누구나 다 하는 일입니다" 등등. 아마 이는 겸손과 자기 자신을 드러내지 않음을 미덕으로 여기는 유교 문화권의 영향으로부터 비롯된 것으로 보인다. 물론 사회적 맥락 속에서 이러한 행동이 필요할 때가 있을 것이다. 그런 때가 아니라면 상대가 내게 하는 진심 어린 칭찬에 대해 "감사해요"라고 얘기하며

진심으로 감사하며 받아들이는 것은 자아존중감의 향상에 도움이 된다. 나아가 이는 나를 칭찬한 상대를 기분 좋게 하는 일이기도 하다.

네 번째 실천 사항: 자기 자신에게 마음 편하게 살 권리를 인정하기. 자신에게만은 칼 같은 잣대를 들이대며 완벽을 추구하는 사람들이 있다. 특히, 이러한 완벽주의가 긍정적인 역할을 하는 경우도 존재한다. 하지만 완벽주의가 자기 자신에 대한 단점과 결점을 받아들이지 못하고 이에 대한 반대급부로 발현된 것이라면 개인의 행복과 삶의 질에 상당한 부정적 영향을 주게 된다. 완벽주의에서 더 나아가 심지어 이렇게 생각하는 사람들도 있다. '나는 남들보다 못났어. 혹은 나는 이런저런 이유(잘못한 게 많아서 등)로 불행하게 살아야만 해. 혹은 내 삶은 그저 과거에 대한 속죄의 삶일 뿐이야' 등등. 이 모든 것은 현실의 자신을 있는 그대로 받아들이지 못하기 때문에 발생하며, 이런 생각은 개인을 더욱 불행을 더욱 고착화시키며 개인과 가까운 주변 사람들마저 불행하게 만든다. 자기 자신에게 마음 편하게 살 권리를 인정하는 것은 현재의 자기 자신을 있는 그대로 인정하는 첫 번째 단계가 될 수 있다.

다섯 번째 실천 사항: 자신의 장점을 분명하게 깨닫고 '나는 할 수 있다'라는 생각에 익숙해지기. 유교 문화권의 영향에서 사회화된 많은 한국인들은 자신의 장점에 대해서 분명히 알고 인식하는 것을 어려워하는 경향이 있다. 하지만 자신의 장점을 분명히 인식하는 것은 자아존중감의 증진이라는 측면에서 도움이 된다. 왜냐하면 이는 자기가치감의 원천으로 기능할 수 있기 때문이다. 나아가 스스로의 장점을 분명하게 인식하는 일은 대학생들이 자신의 진로를 탐색하고 결정하는 데 긍정적인 역할을 할 수 있다. 자신의 장점을 깨닫는 것은 또한 자기효능감을 형성하는 데 중요한 역할을 할 수 있다. 내가 잘하는 것을 인식함으로써 적어도 그 부분에 대해서는 '할 수 있다'라는 믿음이 생겨나며, 이는 노력으로 이어진다. 노력을 통한 성공 경험은 다시금 자기효능감과 자아존중감의 증진으로 이어지게 된다. 만약 자기 자신이 가진 장점에 대해 잘 모르겠다면, 장점 찾기를 위해 Merkel이 제시한 방법은 남들이 자기 자신에 대해 칭찬한 부분에 대해 기록해 보는 것이다. 그리고 이러한 칭찬 사이에 공통적인 부분이 있다면 그것을 내가 가진 장점으로 받아들이면 된다.

자아존중감 척도(Self-esteen scake)

매우 그렇지 않다	그렇지 않다	그렇다	매우 그렇다
1	2	3	4

1. 나는 내가 다른 사람들처럼 가치 있는 사람이라고 생각한다.	1	2	3	4
2. 나는 좋은 성품을 지녔다고 생각한다.	1	2	3	4
3. 나는 대체적으로 실패한 사람이라고 생각한다.	1	2	3	4
4. 나는 다른 사람들만큼 일을 잘 할 수 있다.	1	2	3	4
5. 나는 자랑할 것이 별로 없다.	1	2	3	4
6. 나는 나 자신에 대하여 긍정적인 태도를 가지고 있다.	1	2	3	4
7. 나는 나 자신에 대하여 대체로 만족한다.	1	2	3	4
8. 나는 나 자신을 좀 더 존중할 수 있으면 좋겠다.	1	2	3	4
9. 나는 가끔 나 자신이 쓸모없는 사람이라는 느낌이 든다.	1	2	3	4
10. 나는 때때로 내가 좋지 않은 사람이라고 생각한다.	1	2	3	4
계				

출처: Rosenberg, M. (1965). *Society and the adolescent self-image*. Princeton. NJ: Princeton University Press.

점수 산출방법

1) 1 · 2 · 4 · 6 · 7번의 점수는 있는 그대로의 점수로 산출한다.
예: 선택지① - 1점 / 선택지② - 2점 / 선택지③ - 3점 / 선택지④ - 4점
2) 3 · 5 · 8 · 9 · 10번의 점수는 역으로 산출한다.
예: 선택지① - 4점 / 선택지② - 3점 / 선택지③ - 2점 / 선택지④ - 1점

이와 같이 합산하여 점수가 높을수록 높은 자아존중감을 가진 것을 의미한다.

자아존중감에 대한 에세이 써보기

자기가치감

나는 내가 가치 있는 존재라고 생각하는가? 얼마나 가치 있는 존재라고 생각하는가? 아래의 선택지에서 본인을 가장 잘 나타내는 선택지에 응답하시오.

전혀 가치롭지 않다									매우 가치롭다
1	2	3	4	5	6	7	8	9	10

앞서 제시된 자아 존중감과 자기 자신의 가치 있는 정도에 대해 몇 점의 점수를 주었는가? 왜 그 점수를 주었는가? 자신의 점수와 그 점수를 준 근거에 대해 나열하고 그 이유를 상세히 쓰시오. 각 이유에 대해 쓸 때 자신의 내부로부터 비롯되었는지 아니면 자신이 가지고 있는 외부적인 조건(외모, 스펙, 부 등)에 기인하는지 분류하고 왜 그렇게 생각하는지 쓰시오.

자기수용

아래 각 주어진 테마에 맞게 글을 쓰시오. 주어진 문장 뒤에 떠오르는 생각이나 감정, 느낌 등을 자유롭게 쓰시오.

내가 받아 들여야하는 나 자신의 모습은

나 자신을 받아들이는 법을 배운다면

나 자신의 기준에 따라 살아가는 법을 배운다면

자기수용

각 테마에 따라 글을 쓰면서 전반적으로 자기 자신에 대해 어떤 생각과 느낌이 들었는가? 나는 있는 그대로의 나 자신을 잘 받아들이고 있는가? 그렇지 않은가? 왜 그렇게 생각하는가? 자유롭게 에세이를 작성하시오.

8강

지금 그리고
오늘 바라보는 나

"두 번은 없다. 지금도 그렇고 앞으로도 그럴 것이다.
그러므로 우리는 아무 연습 없이 태어나서 아무런 훈련 없이 죽는다.
우리가 세상이란 이름의 학교에서 가장 바보 같은 학생일지라도
여름에도 겨울에도 낙제란 없는 법.
반복되는 하루는 단 한 번도 없다.
두 번의 똑같은 밤도 없고 두 번의 한결같은 입맞춤도 없고
두 번의 동일한 눈빛도 없다."

- 비스와바 쉼보르스카의 시 '두 번은 없다' 중

한 학기로 계획된 자아의 바다 항해도 이제 절반이 지났다. 이제까지 우리는 자기개념 및 자기 인식, 자아정체성, 꿈, 열등감 및 열등감 콤플렉스, 자아존중감 등 다양한 주제를 바탕으로 자기 자신에 대한 탐구를 진행했다. 항해의 절반을 맞아 우리는 자기 자신에 대한 탐색의 방향을 조금 바꿔보고자 한다. 방향을 조금 바꿔서 우린 지금-여기에서부터 자기 자신에 대한 탐색을 시작해 볼 것이다. 이후 조금씩 방향을 넓혀 나의 과거이자 현재의 중요한 부분인 지금의 나를 있게 해 준 부모님에 대해 탐색해 볼 것이다. 이후 미래로 넘어가서 내가 가정을 이루고 부모가 되었을 때 어떠한 부모가 될 것이고 되고 싶은지에 대해 생각하는 시간을 가져볼 것이다. 이후, 미래의 나의 모습에 대해 생각해 보는 시간을 가져볼 것이다.

이번 주의 강의는 '지금-여기'를 주제로 시작하고자 한다. 여러분은 한 학기 동안 자기 자신에 대해 많은 탐색과 탐구를 하였는가? 현재까지 여러분들이 발견한 자기 자신은 어떤 모습인가? 이러한 자기 자신의 모습이 만족스러운가?

그렇지 않은가? 왜 우리 삶에서 지금-여기가 중요한지, 우리가 지금-여기에서 살지 못하는 이유가 무엇인지 논의해 보고, 어떠한 삶이 지금-여기에 초점을 맞추는 삶인지 한 역할모델을 통해 살펴보며 논의하고자 한다.

1. 왜 지금-여기인가?

이제껏 논의해 온 '자기 자신'과 관련된 다양한 주제를 통틀어 반복적으로 나타난 하나의 테마가 있었다. 혹시 그 테마가 무엇인지 알아챈 이가 있는가? 그렇다. 바로 이번 강의의 주제이기도 한 '지금-여기(here and now)'의 중요성이다.

2강에서 살펴본 나르시스트의 사례에서, '나르시스트'들은 자기 자신에 대한 마음속 깊은 혐오감을 숨기기 위해 '우월하고 뛰어난 자아상'을 만들고 이러한 거짓된 자아상을 진짜 자신인 것처럼 포장하며 살아간다. 6강에서 논의한 '열등감 콤플렉스'를 가진 사람들의 경우 자신의 약점을 부인하고 회피하기 때문에 자기 발전을 이룩해 낼 수 없다. 7강에서 살펴본 자아존중감의 주요 특성 중 하나는 자기수용으로, 자아존중감이 낮은 사람들은 자기 자신을 있는 그대로 받아들이지 못하는 경향이 있다.

이러한 내용을 종합하면 우리는 한 가지 결론에 도달할 수 있다. 바로 자기 자신의 '지금-여기'의 모습을 외면하지 않고 '있는 그대로 바라볼 때'에야 스스로에 대한 긍정적인 변화가 나타난다는 것이다.

지금-여기에서 있는 그대로의 나의 모습에 초점을 맞춘다는 것은 지나간 과거도 아니고 먼 미래도 아닌 현실에 초점을 두고 살아간다는 말이다. 일상생활에서 우리는 지나간 과거나 먼 미래에 초점을 맞추어 사는 사람들이 스스로에게나 가까운 주변 사람에게 좋지 않은 영향을 끼치는 사례를 간혹 접한다. 예를 들어 "내가 한 때는 말이야"라는 말을 늘 언급하며 한때 잘 나갔던 시절의 자기 모습이나 지나간 과거에 집착하면서 계속 그 추억을 그리기만 할 뿐 아무것도 하지 않고 술만 마시고 사는 중·노년의 남성의 모습은 과거에 집착하는 대표적인 모습이라 볼 수 있다. 일상생활에서 자주 풍자되는 "라떼(나 때)는 말이야"라는 말 역시 이러한 과거 집착의 일환으로 볼 수 있다. 한편 막연히 '나는 잘 될거고 아주 돈을 많이 버는 성공한 사람이 될 거야'라고 20-30년 뒤의 성공한 자신의 모습을 늘 상상하며 살고 있지만 현실에서는 부모님께 용돈을 받아쓰며 PC방을 가는 것 외에는 다른 아무런 활동을 하지 않은 한 젊은 남성이 있다면, 이는 먼 미래에만 초점을 맞추어 살아가는 하나의 대표적인 예시라 할 수 있을 것이다. 물론 현실에 초점을 두고 살아간다는 것이 미래에 대한 목표가 없이 하루하루를 목적 없이 산다는 뜻이 아니다. 그 어떤 목표를 향해 나아가더라도 '지금-여기'의 현실에 기반을 둔다는 뜻이며, 그 목표를 나아가는 자신의 내면에 늘 귀를 기울인다는 뜻이다.

그렇다면, '지금-여기'에 기반을 두고 개인의 삶을 설계해야 하는 것이 어떤 측면에서 개인의 삶에 도움이 되는 것일까? 다양한 측면이 존재할 수 있지만, 그 중 핵심적인 다섯 가지 측면에 대해 간략하게 소개하면 아래와 같다.

행동 실천의 토대 지나간 과거나 아직 도래하지 않은 미래와 달리, '지금-여기'는 내가 목표와 관련된 어떤 행동을 실천할 수 있는 시간대이다. 다시 말해, 내가 무언가 구체적인 행동을 취하거나 의사결정을 내릴 수 있는 유일한 시간대가 바로 지금-여기이며, 지금-여기에서의 행동과 의사결정이 장기적으로 나의 미래를 결정짓게 된다.

자신과 환경에 대한 객관적인 판단 주식이나 코인을 해본 적 있는가? 많은 사람들이 본인이 한 번 산 주식이나 코인의 가치가 크게 향상되었던 경험이 있다면, 비록 현재 그 실질적인 가치가 많이 떨어졌다고 하더라도 그 종목에 대한 집착을 버리지 못한다. 반대로 실패한 사업가들의 이야기를 들어본 적이 있는가? 사업에 도전한 많은 사람들이 실패하는 중요한 이유 중 하나가 사업에 성공했을 때의 장밋빛 미래의 가치에 초점을 맞추어 현실의 다양한 어려움을 제대로 보지 못했기 때문이다. '지금-여기'에 초점을 맞춤으로써 개인은 자기와 주변 상황에 대해 더욱 정확하고 객관적인 판단을 할 수 있게 된다. 이렇듯 향상된 판단은 목표를 향한 더 나은 계획과 의사결정으로 이어지며 장기적으로 나의 성장과 발전에 도움이 된다.

과도한 걱정의 해소 혹시 아르바이트나 대외활동 혹은 원하는 어떤 경험이나 직무와 관련된 지원서를 작성하면서 내가 스펙이 모자라거나 관련 경험이 부족한 것 같아 걱정해 본 적이 있는가? 혹은 막연한 진로 계획을 세운 뒤 이러한 진로 계획을 이룰 수 있을지 걱정해 본 적은 없는가? 사실 이러한 걱정은 매우 자연스러운 감정이긴 하지만 내 삶에 긍정적인 영향을 끼치지는 않는다. 왜냐하면 지나간 과거는 바꿀 수 없으며 다가올 미래는 아무도 모르는 것이기 때문이다. 지금 여기에 초점을 맞추는 것은 과거나 미래에 대해 생각함으로써 나타나는 과도한 걱정을 줄이는 데 도움이 된다. 이를 통해 개인은 어쩔 수 없는 일에 신경과 에너지를 쏟게 되기보다는 눈앞의 해결해야 하는 과제에 집중할 수 있게 된다.

현실적인 목표 설정 지금-여기의 나의 모습과 주변 상황에 초점을 맞춤으로써 개인은 현재 내가 할 수 있는 것과 할 수 없는 것 그리고 해야 할 것과 하지 말아야 할 것에 대해 더욱 명확한 인식을 할 수 있게 된다. 이러한 인식은 현실적이고 실현가능한 목표를 세우는 데 많은 도움을 주며, 이는 개인의 성장과 발전의 로드맵으로 기능할 수 있다.

진정한 자신의 흥미와 적성 추구 우리는 살면서 많은 경험을 한다. 그중 나 자신의 흥미와 적성에 더욱 부합하는 경험이 있고 그렇지 않은 경험이 있다. '지금-여기'에 초점을 맞춤으로써 내가 진정으로 원하고 보람과 흥미를 느끼는 것이 어떤 종류의 경험인지에 대해 더욱 좋은 판단을 내릴 수 있다. 예컨대, 많은 노력 끝에 많은 사람들이 참여하길 원하지만 소수에게만 기회가 주어지는 어떤 프로그램에 참여할 수 있는 기회를 잡았다고 하자. 다만 이 프로그램에서 본인이 맡게 된 역할이 본인의 흥미와 적성에 부합할 수도 아닐 수도 있다. 내가 이 역할을 하면서 내가 '지금-여기'에서 느껴지는 생각과 감정이 아니라 '남들이 나를 부러워한다'는 사실에 더 초점을 맞춘다면, 이 프로그램이 정말 나의 흥미와 적성에 부합하는 경험인지 판단을 내리기가 더 힘들 것이다.

2. 왜 지금-여기에서 있는 그대로의 자기를 보지 못하는가?

'지금-여기'에서 '있는 그대로의' 자기 자신에 초점을 맞추는 것은 자기 자신의 성장과 발전에 긍정적인 영향을 준다. 하지만 많은 사람들이 지금-여기의 시각에서 자신을 있는 그대로 바라보지 못한다. 한때 잘 나갔던 과거의 영광에 취해 현재의 초라한 자기 자신의 모습을 부인하고 회피하거나 아직 오지 않은 먼 미래의 성공을 자산 삼아서 현재의 자신을 있는 그대로 바라보는 것을 소홀히 한다. 그렇다면, 어떤 심리적·사회적 요인들이 지금의 자기 자신을 있는 그대로 보지 못하게 하는가? 아래와 같은 요인들이 지금-여기의 자기 자신을 바로 보지 못하게 만드는 중요한 요인이라 볼 수 있다.

과도하게 높은 기대치 간혹 스스로에 대한 기준이나 기대치가 비현실적으로 높은 사람들이 있다. 이들은 이루기가 매우 힘든 목표나 기준을 상정하고는 이에 집착하는 경향을 보인다. 예를 들어 '대학 생활 동안 한 학기도 빠짐없이 과탑을 유지하며 장학금을 타야만 한다'든지 혹은 '졸업하기 전에 무조건 대기업이나 공무원 시험에 합격을 해야 한다'든지 혹은 '항상 완벽한 외모를 유지해야 한다'와 같은 목표가 대학생들에게서 주로 나타나는 목표라 할 수 있다. 일반적으로 높은 목표를 세우고 이를 향해 노력하는 것은 개인의 성장과 발전에 도움이 된다. 문제는 자기 자신에 대한 목표와 기대치가 과도하게 높고 이에 집착할 때 발생한다. 이들은 자기 자신의 긍정적인 측면이나 스스로 일궈낸 정당한 성취마저도 경시하거나 부인함으로써 자기 자신을 객관적으로 보지 않는 경향이 있다. 나아가, 이러한 집착은 강한 스트레스와 불안 등 여러 문제를 촉발시키며, 이는 자기 자신을 지금-여기에서 있는 그대로 바라보는 것을 힘들게 만들 수 있다(Ong & Twohig, 2022).

과도한 인정 욕구 혹시 부모나 친척, 선생님, 친구 등 주변에서 기대하는 것과 자기 자신이 하고 싶은 것 사이에서 갈등해 본 적이 있는가? 그러한 갈등이 발생했을 때, 자신이 하고 싶은 것을 주로 선택했는가? 혹은 주변에서 기대하는 대로 행동했는가? 대다수 사람들은 주변의 기대와 내가 원하는 것 사이에 갈등이 발생했을 때 주변의 기대와 자신이 원하는 것을 적당히 절충하여 타협하는 방식으로 의사결정을 내리게 된다. 하지만 과도한 인정 욕구를 가진 사람들은 자기 자신이 원하는 것을 늘 희생하면서 나를 향한 타인의 시선과 기대에 부응하기에 힘쓴다. 이렇게 타인이 나에게 주는 칭찬과 인정, 관심에 초점을 맞추다 보면 내가 무엇을 진정으로 원하는지, 무엇을 하고 싶은지를 알아차리기 힘들다. 다시 말해, 나 자신을 지금-여기에서 있는 그대로 바라보기 힘들다(Twohig & Ong, 2022).

거짓된 자아상 대다수의 사람들은 다양한 측면에서 자신을 실제보다 조금 더 긍정적으로 바라보려는 경향이 있으며 이는 심리적으로 매우 자연스러운 현상이다(제 2강 참조). 하지만 가면을 쓰고 삶을 살아가는 이들이 있다. 이들은 '지금-여기'에서의 자기 자신이 초라하며 의미 없다고 생각하기에 이를 부정하고 회피한다. 이러한 부인과 회피의 일환으로 우월하고 이상적인 하지만 거짓된 자아상을 만들고 그 이미지에 집착한다. 2강과 6강에서 언급한 나르시스트들과 열등감 콤플렉스를 가진 이들이 이와 관련된 대표적인 예시이다. 이렇게 거짓된 자아상에 도취되면 '지금-여기'에서 있는 그대로의 자기 자신을 보지 못하게 된다(Whitely, 2021).

사회적 기대 혹은 압력 위의 세 가지 요인은 개인의 심리적 요소에 초점 맞추고 있다. 중요한 점은 이러한 심리적 요인이 좁게는 가정환경으로부터 넓게는 우리 사회의 문화에 이르기까지 개인을 둘러싸고 있는 주변 환경과 무관하지 않다는 점이다. 예컨대, 어렸을 때부터 부모와 주변으로부터 높은 성과에 대한 기대와 압박을 받아온 개인의 경우 스스로에 대한 기대치나 기준이 과도하게 높고 또 이에 엄격한 경우가 많다. 마찬가지로, 성장환경에서 주도적으로 삶을 살기보다는 주변의 반응에 집중하는 방식으로 살도록 양육된 경우 강한 인정 욕구를 가지게 되는 경우가 많다.

3강에서 언급했던 유도지의 사례를 기억하는가? '의사가 되어야 한다'라는 고등학생 유도지의 목표는 성장 과정에서 부모가 "너는 나중에 무조건 의대를 간 뒤 의사가 되어야 해. 다른 직업은 생각도 하지 마"라며 유도지에게 끊임없이 쏟은 기대의 결과물이었다. 그 결과 도지는 스스로의 흥미나 관심, 적성과 능력에 대해 충분히 고려하기보다는 그저 기계적으로 의사가 되어야 한다는 목표를 삼았다. 이렇듯 부모의 강한 기대와 압력은 개인이 '지금-여기'에서 있는 그대로 자기 자신을 보는 것을 어렵게 만든다.

이러한 사회적 기대와 압력은 부모나 주변 사람뿐 아니라 좀 더 넓은 사회문화적 수준에서도 나타날 수 있다. 예컨대, 다른 선진국들과 비교했을 때 한국사회는 성공에 대한 기대와 압력이 높은 편이고 또 그 기준이 획일적인 편이다. 이러한 사회에서는 개인이 '지금-여기'에 있는 그대로의 자기 자신의 모습보다는 사회적 기대와 기준에 맞추어 자신을 인식하며 살아가기가 쉽다.

3. 능동적으로 의식하는 삶

그렇다면 '지금-여기'에서 있는 그대로의 자기 자신의 모습에 초점을 맞추기 위해 우리는 어떠한 자세를 가져야 할까? 세계적인 테너 '앙드레 보첼리(Andrea Bocelli)'의 삶을 역할모델 삼아 함께 생각해 보자.

<그림 8-1> 앙드레 보첼리(Andrea Bocelli)

> 앙드레 보첼리는 1958년 이탈리아에서 태어났으며, 포도와 올리브 농사를 지었지만 음악에 조예가 깊은 부모님 밑에서 태어났다. 비록 선천적 녹내장으로 인해 약간의 불편함은 있었지만 다른 아이들과 다름없는 평범한 어린 시절을 보냈다. 부모님의 영향 때문인지 앙드레 보첼리 역시 어렸을 때부터 피아노, 플룻, 색소폰 등 다양한 학기를 배웠으며 특히 그중 노래 부르기를 가장 좋아하여 나중에 장성하면 성악 가수가 되는 꿈을 꾸며 자라났다.
>
> 그의 인생의 전환점은 12세 때 일어난다. 친구들과 축구를 하다가 공에 눈을 강하게 맞아버리고 만 것이다. 이로 인해 그는 시력을 완전히 잃게 되고 만다. 갑작스런 큰 사고에 슬픔에 빠진 가족과 친구들과는 달리 앙드레 보첼리는 '딱 한 시간만 울자. 그리고 어두운 세계에 빨리 적응하자'라고 생각하며, 시각장애인으로서 생활에 적응하려 힘썼다.
>
> 시각장애인이 된 후 그는 '눈이 보이지 않으니 힘을 길러야 한다'는 부모님의 뜻에 따라 법대에 진학했다. 남들보다 몇 배는 더 노력한 끝에 이탈리아 최고의 명문대 중 한 곳인 피사 대학에 진학하고 법학 박사학위를 받고 1년 간 변호사로 일하게 된다. 이러한 그를 다들 '인간 승리'라며 추켜세웠다.

하지만 그의 열정은 여기서 멈추지 않았다. 어렸을 때부터 열망하던 꿈인 성악 가수의 꿈을 포기할 수 없어서 변호사를 그만두고 32세 때 야간에 재즈바에서 피아노를 연주하며 레슨비를 벌기 시작하면서 전설의 명테너 '프랑코 코렐리'에게 성악 레슨을 받았다. 이후 1992년 유명한 팝스타 주케로 포나치아리(Zucchero Fornaciari)와 함께 부른 'Miserere', 1996년 사라 브라이트만(Sarah Brightman)과 함께 부른 'Time to say goodbye', 셀린 디온(Celin Dion)과 함께 부른 'The Prayer' 등이 연달아 세계적인 히트를 치면서 세계적인 테너의 반열에 올랐다. 그의 실적 또한 대단하다. 세계적인 음악제로 일컬어지는 1994년 산레모가요제 우승, 1996년 골든 글로브 최고 주제가상, 1999년 그가 부른 'Canto Della Terra'가 빌보드 앨범 차트 4위, 2013년 'La Vie En Rose'는 빌보드 앨범 차트 2위, 2018년 'Fall on me'로 빌보드 앨범 차트 1위를 기록하는 등 수많은 명곡을 남겼다.

이러한 보첼리의 음악가로서의 삶이 순탄했던 것은 결코 아니다. 시각장애인으로 클래식 음악, 특히 오페라를 한다는 것은 불가능할 것이라고 다들 믿었다. 이는 어찌 보면 합리적인 판단이었다. 악보를 보지 못하는데다가 상대 오페라 가수와 호흡이 중요한 클래식 음악을 어떻게 시각장애인이 소화한단 말인가? 그의 첫 오페라 공연 라보엠(La Bohème)을 준비할 때 일부 비평가들은 오페라가 무슨 장난인 줄 아냐며 그와 더불어 공연기획단 전체를 싸잡아 비난했다.

하지만 그의 열정은 남달랐다. 라보엠을 준비하면서 악보는 물론 몇 번째 계단에서 어느 방향으로, 다시 몇 걸음을 걸어야 하고 언제 여자주인공을 쳐다보고 손을 내밀어야 하는지 등을 모두 외워서 무대에 섰다.

그 결과는 대성공이었다. 공연이 끝나자 관객들로부터 기립박수를 받았으며, 그를 비난했던 비평가들마저도 "완벽한 공연이었다"며 칭찬을 아끼지 않았다.

앙드레 보첼리는 '지금-여기'에 초점을 맞추어 자기 자신을 이해하였고 이를 바탕으로 인생의 방향성을 설계하여 세계적인 성공을 이룩한 대표적인 사례 중 하나이다. 시력을 완전히 잃은 뒤 그는 시각장애인이 된 '지금-여기'의 자신이 시각장애인이 되었다는 사실을 빠르게 받아들였고 이를 바탕으로 본인의 현재 상황에서 달성가능하면서도 사회적으로 인정받는 최적의 커리어인 '변호사'가 되기 위해 노력을 기울였다. 그 과정에서 시각장애인이 아닌 사람의 몇 배의 노력을 기울였을 것이다.

하지만 변호사, 그것도 최고의 명문대 출신의 변호사가 되었지만 그는 다시금 '지금-여기' 그의 모습에 주목했다. 변호사로서의 길이 그를 행복하게 해주지 못한다는 생각이 들자 그는 지체 없이 변호사를 그만두고 아르바이트를 시작했다.

물론 그의 성공에 그가 가진 성악가로서의 역량이 뛰어났음을 부정할 수는 없다. 만약 그에게 재능이 없었다면 세계적인 테너가 되지 못했음은 물론 변호사를 그만둔 뒤에도 재즈바에서 피아노를 치며 노래를 부르는 아르바이트를 구할 수 없었을 것이고 또 프랑크 코렐리라는 스승으로부터 지도를 받지도 못했을 것이다. 그리고아마도 그는 스스로에게 충분한 역량이 있음을 알았을 것이다.

하지만 상상해 보라. 내게 뛰어난 예술적 재능이 있고 내가 그것을 알고 있다고 하더라도 내가 만약 시각장애인으로서 서울대학교 법대를 졸업하고 사법고시를 패스해 꽤 잘나가는 변호사가 되었음에도 불구하고 그 모든 걸 때려치우고 밤무대 가수로 활동하며 아르바이트를 하는 결정을 내릴 수 있을 것인가?

그가 세계적인 성악가로서 성공적인 커리어를 쌓게 된 데에는 역량 이상으로 중요한 두 가지 측면이 있다. 첫째, 그가 '지금-여기'의 관점에서 진정으로 자기가 원하는 것이 무엇인지를 고심했다는 것이다. 변호사가 된 뒤에도 그는 사회적인 성공의 척도에 따라 살아가는 것이 아니라 '변호사가 되었지만 이것이 나를 행복하게 하는가?'라는 내면의 목소리에 귀를 기울였다. 아니라는 판단이 서자 그는 변호사를 그만두었다. 둘째, '지금-여기'의 상황에서 자신이 원하는 길을 가기 위해 무엇이 필요한지 현실적인 계획에 따라 행동했다는 것이다. 성악가가 되기 위한 준비를 시작하면서 무엇이 필요한지 그는 계획했다. 돈을 벌면서도 관련 경험을 쌓기 위해 야간에 피아노를 치며 노래하는 아르바이트를 하였으며 성악 레슨을 받았다. 그렇게 실력을 쌓아 꾸준히 대회에 출전하고 입상하며 자신의 이름을 알렸다.

심리학자 너새니얼 브랜든(Nathaniel Branden)은 '지금-여기'에 초점을 맞추는 삶을 다른 말로 '능동적으로 의식하는 삶'으로 표현했다. 삶을 살다 보면 매 순간 순간 나에게 닥쳐오는 수많은 문제들이 존재한다. 브랜든에 의하면, 내가 살아가는 순간순간 최선을 다해서 나의 행동, 목표, 가치, 생각, 감정 등 나의 경험과 관련된 모든 것을 인식하려 노력하지 않으면 결국 닥쳐오는 문제들에 휩쓸리게 된다. 나의 삶 속에서 나타나는 많은 문제들과 관련하여 내가 어떻게 느끼고 생각하며 한 명의 주체로서 결정을 내리는 것이 아닌 그저 회피하고 반응하며 수동적으로 살아가게 되는 것이다(Branden, 1995).

비스와바 쉼보르스카의 시에서 이야기한 것처럼 인생에는 두 번이 없고 연습도 없고 또 어찌 보면 여름에도 겨울에도 낙제란 없다. 존재론적으로 따져보면 어느 것이 더 좋고 나쁘다 할 수 없는 다양한 가능성으로 점쳐진 삶 속에서 오늘부터 '지금-여기'에서 내가 원하는 것 그리고 내가 할 수 있는 것에 초점을 맞춰 능동적으로 의식하며 살아가기를 시작해보는 것은 어떨까?

지금-여기의 나: 이력서 쓰기

아래 양식에 맞춰 '지금-여기'의 나를 나타낼 수 있는 이력서를 작성해 보시오.

표준 이력서

<table>
<tr><td rowspan="2">지원자 성명</td><td>한글</td><td colspan="4"></td></tr>
<tr><td>영문</td><td colspan="4"></td></tr>
<tr><td colspan="2">주소 (현거주지)</td><td colspan="4"></td></tr>
<tr><td rowspan="2">연락처</td><td>전화번호</td><td colspan="2">전화</td><td colspan="2">휴대전화</td></tr>
<tr><td>전자우편</td><td colspan="4"></td></tr>
<tr><td rowspan="4">주요 경력사항</td><td>활동명</td><td colspan="2">담당 역할</td><td colspan="2">기간(연, 월)</td></tr>
<tr><td></td><td colspan="2"></td><td colspan="2">년 월 ~ 년 월</td></tr>
<tr><td></td><td colspan="2"></td><td colspan="2">년 월 ~ 년 월</td></tr>
<tr><td></td><td colspan="2"></td><td colspan="2">년 월 ~ 년 월</td></tr>
<tr><td rowspan="7">자격증 및 특기사항</td><td>자격증</td><td colspan="2"></td><td colspan="2">(년 월 취득)</td></tr>
<tr><td></td><td colspan="2"></td><td colspan="2">(년 월 취득)</td></tr>
<tr><td></td><td colspan="2"></td><td colspan="2">(년 월 취득)</td></tr>
<tr><td></td><td colspan="2"></td><td colspan="2">(년 월 취득)</td></tr>
<tr><td>특기사항</td><td></td><td></td><td></td><td></td></tr>
<tr><td></td><td></td><td></td><td></td><td></td></tr>
<tr><td></td><td></td><td></td><td></td><td></td></tr>
<tr><td>기타 활동사항 (자유롭게 쓰시오)</td><td colspan="5"></td></tr>
</table>

기타 활동사항 (자유롭게 쓰시오)	

지금-여기의 자기 자신 탐색하기

주제에 맞추어 두 건의 에세이를 작성하시오.

Essay 1

'지금-여기'에서 있는 그대로의 나는 어떤 모습인가? 어떤 모습(전공, 경험, 가치관, 하는 일, 장단점, 취미, 무엇을 좋아하고 무엇을 싫어하는지)의 내가 떠오르는가? 각각의 생각나는 나의 모습에 대해 생각나는 대로 글을 쓰시오. 가능한 한 자세히 쓰시오.

Essay 2

앞선 에세이에서 총 몇 가지 모습의 자신에 대해 글을 썼는가? 각각의 나의 모습에 대해 긍정적으로 느껴지는가? 부정적으로 느껴지는가? 더 나아가, 각각의 나의 모습이 진정한 나를 대변하는 것으로 느껴지는가 그렇지 않은가? 왜 그렇게 느끼는가? 1번 에세이에서 기술한 각각의 나의 측면과 관련하여 ① '긍정적 혹은 부정적으로 느껴지는지' ② '진짜 자신의 모습에 맞닿아 있다고 느껴지는지' ③ '왜 그렇게 느끼는 지'에 대해 가능한 한 자세히 기술하시오.

9강

미래 행복을 위한 주춧돌 쌓기 I

부모님과 나의 관계

“한 훌륭한 부모는 백 사람의 스승보다 낫다.”

“One good father(mother) is more than a hundred schoolmasters.”

- 조지 허버트(George Herbert)

내 인생에 가장 막대한 영향력을 끼치는 존재로 하나를 꼽으라고 한다면 많은 사람들이 주저하지 않고 부모님을 택할 것이다. 부모님은 우리가 인생이라는 긴 레이스의 출발점에서 최초로 만나는 사람이자 내가 세상을 어떻게 살아가야 하는지를 알려주는 최초의 역할 모델이며 장성해서 독립할 때까지 세상의 풍랑으로부터 나를 지켜주는 방파제 역할을 한다. 바야흐로 내 인생이 한 폭의 그림이라면 그 그림의 바탕이 되는 모든 밑그림은 부모와 함께 그려나가게 되는 것이다. 따라서 인생 초반에 부모와 어떤 경험을 쌓았는지는 내 이후 삶에 많은 영향을 끼친다. 실제로, 많은 발달 및 상담심리학 이론들은 인생 초기에 맺은 개인과 양육자 간의 관계가 개인의 중요한 성격적 특질을 형성하는 데 큰 역할을 한다는 점을 밝히고 있다.

한편, 부모님과의 관계가 늘 완벽하게 조화로운 사람 역시 굉장히 드물 것이다. 대부분의 개인은 특히 심리적·육체적인 발달을 경험하면서 부모와 다양한 갈등을 경험하며, 이러한 갈등의 크기나 정도는 부모 및 개인의 성향이나 가치관 등 다양한 요인에 따라 결정된다. 성장 과정에서 이러한 갈등이 나타나는 것은 매우 자연스러운 일이지만 어떤 경우는 이러한 갈등이 심각하게 나타나 관계의 종결로 이어지기도 한다.

본 강에서는 내 삶의 뿌리인 부모님과 나의 관계에 대해 고찰해 보는 시간을 가져보고자 한다. 우리는 부모-자녀의 관계가 왜 중요한지를 일반론적인 시각에서 살펴본 후, 특히 부모-자녀가 건강한 관계를 맺기 위해 어떤 관계가 바탕이 되어야 하는지에 대해 살펴볼 것이다. 나아가 부모-자녀 관계의 중요성에 대해 강조한 발달심리학 이론에 대해 고찰해 보고 현재 부모님과 나의 관계에 대해서 함께 고찰해 보는 시간을 가지고자 한다.

1. 부모-자녀 관계의 기능

대다수 문화권의 사람들이 부모-자녀 관계를 특별하게 여기며 생애 과정 전반에 걸쳐 이 관계를 유지하는 경향을 보인다. 이로 말미암아 볼 때 부모-자녀 관계가 인간의 삶에서 매우 중요한 관계라는 점은 부인하기 힘든 사실일 것이다. 그렇다면 부모-자녀의 관계가 개인의 성장과 발달에 어떤 영향을 미치는 것일까? 발달심리학자들은 크게 1) 정서적 안정감 형성, 2) 성격 및 가치관 형성, 3) 문화와 전통의 계승 세 가지 측면에서 개인의 성장과 발달에 영향을 미친다고 보고 있다.

1) 정서적 안정감 형성

부모-자녀 관계는 개인의 삶에서 가장 기초적이면서 영향력 있는 사회적인 관계로 강한 정서적 유대감을 가장 큰 특징으로 한다. 생애 초기 인간은 혼자서는 그 아무것도 할 수 없는 상태로 태어나기에 누군가의 보호와 양육이 생존과 발달에 있어 핵심적인 역할을 한다. 부모는 자신의 많은 부분을 희생하면서까지 영아의 욕구를 맞추기 위해 노력하며 이러한 부모의 희생을 바탕으로 영아는 필수적인 육체적 성장을 이룩하게 되며, 한국 사회의 경우 이러한 물질적 지원은 일반적으로 자녀가 자라서 스스로 독립을 이루기까지 지속된다. 더 나아가 부모가 자녀에게 쏟는 시간과 관심과 대화, 애정과 사랑과 더불어 그에 따른 자녀의 애정 어린 반응과 관계 등은 부모와 자녀가 강한 정서적 유대감을 형성하는 데 큰 역할을 한다. 이러한 정서적 유대감은 이후 삶에서 건강한 사회적 및 대인관계의 기초를 형성하게 된다. 나아가 어려운 삶의 역경과 외로움 가운데서도 그래도 나를 가치롭게 인정해주고 받아주는 존재가 있다는 연결감과 안정감을 제공함으로써 이를 헤쳐 나갈 수 있는 원천으로 기능한다.

2) 성격 및 가치관 형성

부모-자녀 관계, 어린 시절 부모와 형성한 신뢰 및 애착의 관계는 자아존중감, 대인관계의 태도, 세상에 대한 신뢰감 등 삶의 질을 결정짓는 중요한 성격 특질들을 형성하는 원천이 된다(이후 '애착 이론과 따뜻한 애정의 중요성' 부분에서 조금 더 자세히 다룰 것이다). 나아가 부모는 특히 개인이 어린 시절, 중요한 역할 모델로서 기능하며 자녀의 도덕적 나침반과 사회적 정체성에 영향을 미치는 가치관, 신념 및 행동 규범을 전달한다. 의미 있는 상호 작용과 공유된 경험을 통해 부모는 공감 능력, 의사소통 및 문제 해결과 같은 중요한 삶의 기술을 심어준다. 비록 개인이 청소년과 성인으로 성장함에 따라 부모-자식 관계는 의존적인 관계에서 상호 존중과 동반자 관계로 변화하긴 하지만, 성장 과정에서 부모와의 관계에서 형성되었던 가치관, 신념, 행동 규범 등은 평생에 걸쳐 남아 있다.

3) 문화와 전통의 계승

부모-자식 관계는 문화 및 전통의 세대 간 전달이 이루어지는 가장 작은 단위이다. 부모-자식 간 상호작용과 대화, 가정 내 의식 및 공유된 경험을 통해 부모는 자녀에게 가족의 전통과 역사라는 넓은 편대 속에서 정체성과 소속감을 심어준다. 개인은 이러한 정체성과 소속감을 바탕으로 세상을 바라보는 시각을 확립하게 되며 또 삶에 방향성과 의미를 찾기도 한다. '가정교육'의 형태로 일어나는 이러한 문화와 전통의 계승은 가정을 둘러싼 보다 넓은 범위의 다양한 주체들과 유기적으로 연결되어 지역사회, 국가, 민족 등 더욱 큰 넓은 단위의 사회체계가 이어지고 기능하도록 하는 데 중요한 역할을 한다.

2. 애착 이론과 따뜻한 애정의 중요성

대다수의 부모는 자녀를 사랑하며 자녀의 성장과 안녕을 위해 주어진 상황에서 최선을 다한다. 하지만 이 사랑을 어떻게 표현하는지는 사람마다 다르다. 자녀에게 따뜻한 애정과 관심을 쏟음으로써 사랑을 표현하는 부모가 있는가 하면 금전이나 물질적인 부분을 채워주는 방식으로 사랑을 표현하는 부모도 있다. 혹은 아주 간혹 자녀에게 관심을 두지 않는 부모도 존재한다. 이 강의를 수강하는 여러분들은 부모로부터 어떠한 느낌을 받았을 때 부모님과 더 가까워졌다고 느끼는가? 조금 더 일반론적인 시각으로 이야기할 때, 부모-자녀 관계가 어떤 방식으로 표현되고 이루어질 때 건강한 성장과 발전이 이루어지는 걸까?

1) 해리 할로(Harry Harlow)의 원숭이 대리모 실험

19세기 초 주류 과학계의 이론에 의하면 인간의 성장과 발달 과정에서 중요한 요인은 영양 공급과 같은 생리적인 필요를 충족시켜 주는 것이었다. 다시 말해, 충분한 식사와 잠자리만 제공된다면, 신생아들이 성장하는 데는 아무런 문제가 없다고 여겨졌다. 이러한 주류적인 관점을 변화시킨 다양한 연구 중 결정적인 영향을 끼친 한 연구로 심리학자 해리 할로우(Harry Harlow)의 원숭이 대리모 실험(monkey mother experiment)을 들 수 있다(Harlow, 1958).

이 실험에서 할로우는 출생 직후의 원숭이 새끼를 어미로부터 분리하고 철사와 부드러운 천으로 만든 두 가지 대리 모체와 함께 케이지에 넣어 원숭이가 어느 쪽 어미와 시간을 더 많이 보내는지에 대해 연구하였다. 철사로 만들어진 대리 모체는 음식을 제공했고, 천으로 만들어진 대리 모체는 편안함을 제공했지만 음식은 제공하지 않았다. 19세기 초까지의 주류학계의 이론에 따르면, 원숭이 새끼가 성장에 필수적인 영양을 공급해 주는 역할을 하는 철사 대리모를 선호하는 것이 더 맞는 결과처럼 보였다. 하지만 연구 결과는 정반대였다. 비록 철사 대리모가 음식을 제공함에도 불구하고 새끼 원숭이들은 압도적으로 천 대리모와 시간을 보내기를 선호했다. 원숭이들은 음식이 필요할 때만 철사 대리모를 방문하고, 그 후 최대한 빨리 천

<그림 9-1> 원숭이 애착 실험 참고 그림

대리모로 돌아가 대부분의 시간을 그곳에서 보냈다. 이후 원숭이가 외부의 위협을 느끼는 상황에서도 결과는 같았다. 인형이나 로봇 등을 보여주어 원숭이에게 위협을 느끼게 했을 때, 대다수의 새끼 원숭이들은 천 대리모에게 달려가서 심리적 안정을 찾았다.

이러한 할로우의 연구 결과는 애착과 따뜻한 느낌이 신생아에게 필수적으로 요구된다는 것을 보여준 중요한 연구결과로서 의미가 있다. 기존의 주요 이론이 성장 과정에서 음식과 영양의 중요성만을 강조한 반면, 할로우의 연구는 영아와 유아의 건강한 감정 발달과 안전한 부착을 촉진하기 위해 따뜻하고 반응성 있는 보살핌이 중요하다는 것을 강조했다.

2) 존 볼비의 애착 이론(attachment theory)

앞서 살펴본 할로우의 연구에 이어 심리학자 존 볼비(John Bowlby)는 부모-자녀 관계에서 따뜻한 애정과 보살핌의 역할이 무엇보다 중요함을 역설하였다. 볼비는 2차 세계대전으로 인해 부모를 잃고 탁아소와 고아원에서 성장한 많은 아동들을 대상으로 장기간에 걸친 관찰연구를 진행하였으며, 이러한 아이들이 정상적인 가정에서 자란 아이들에 비해 중요한 측면에서 다른 특징을 보인다는 사실을 보고하였다(Bowlby, 1982). 이러한 특징 중 개인의 성장과 발달에 영향을 미치는 중요한 두 가지 특징은 바로 감정적 고통과 애착 장애이다. 볼비의 관찰 결과에 따르면, 부모나 혹은 주요 보호자와 장기간 분리를 경험한 대부분의 아이들이 슬픔, 우울증, 지속적인 불안과 같은 감정적 고통의 징후를 보였으며, 다시금 보호자를 만나게 되더라도 장기간 분리를 경험하지 않은 아이들보다 슬픔, 우울증, 불안 등의 정도가 더 높았다. 이뿐 아니라 보호자와 장기간 분리를 경험한 아이들은 애착 장애, 즉 타인의 감정을 읽고 이해하는 데 어려움을 겪었을 뿐 아니라 타인과 세상에 대한 신뢰가 낮은 경향을 보였다. 혹시 신뢰가 형성된 대상에게는 집착적이고 강박적인 모습을 보여주는 등 인간관계에서 미숙한 모습을 보였다. 장기적인 관점에서 볼 때, 이러한 아이들은 감정 조절, 성격과 사회성 발달, 정서적 안정 등 다양한 측면에서 미숙한 모습을 보였으며, 이로 인해 타인과 건강한 대인관계를 형성하고 유지하는 것을 힘들어하는 등 이후 학업 및 사회적 환경에서 어려움을 겪는 경향을 보였다.

이러한 관찰 결과를 토대로 볼비는 부모-자녀 관계에서 얼마나 부모가 자녀의 욕구에 잘 반응해 주고 따뜻한 애정을 주는지가 개인의 성장과 발달에 큰 역할을 한다고 주장하였다. 볼비의 애착 이론에 의하면(Bowlby, 1978), 영아는 세상에 대해 전혀 무지한 상태로 태어나게 되며 따라서 세상에 대한 지식을 습득하는 직접적이자 유일한 통로가 바로 부모이다. 식욕, 수면, 배설 등 다양한 욕구를 혼자서는 처리할 수 없는 영아는 부모가 이러한 욕구를 적절하게 해소해 주고 아이에게 반응해 주면 '나는 존중받는 존재구나. 다른 사람은 믿을 만하구나. 세상은 따뜻하구나'와 같이 자신, 타인 및 세상에 대한 신뢰를 무의식중에 형성하게 된다. 다른 한편, 부모가 이러한 욕구를 적절히 해소해 주지 않거나 아이에게 적절하게 반응하지 않으면 자신, 타인 및 세상에 대한 신뢰를 쌓지 못하게 된다. 이때 쌓인 자신과 타인 및 세상에 대한 신뢰는 자아존중감, 사회 신뢰, 정서적 안정감, 회복탄력성 등 이후 높은 삶의 질과 관련된 다양한 성격적 특질을 형성하는 주요 원천으로 기능한다.

볼비를 비롯한 여러 심리학자들은 생애 초기의 부모-자녀 관계에 특히 초점을 맞추어 개인의 성장과 발달 과정을 설명했지만 개인의 성장과 발달은 성인이 될 때까지 지속되며 부모-자녀의 상호작용 역시 꾸준히 이루어진다. 하지만 애착이론에서 밝힌 개인의 성장과 발달에 있어서 '따뜻한 애정'의 중요성은 생애 초기 이후에도 부모-자녀의 관계가 어떤 측면에 기반에 두고 이루어져야 하는지에 대해 많은 시사점을 제공한다. 특히 한국 사회의 경우 자녀가 아주 어릴 땐 부모들이 자녀에게 많은 애정과 사랑을 베풀지만, 조금씩 자라면서 따뜻한 애정과 이해에 기반한 상호작용은 점차 줄어들고 시험에서 좋은 성적을 받거나 좋은 프로그램에 합격하면 원하는 것을 사주는 등 자녀의 역할이나 성과에 대해 어떤 기대를 가지고 이를 충족할 경우 특정한 보상을 제공하는 방식으로 부모-자녀의 관계가 형성되는 경우가 많다. 혹은 자녀와 시간을 많이 보내지 못하는 부모가 그에 대한 보상으로 자녀의 물질적인 요구를 과하게 채워주는 경우도 상당히 많다. 물론 이러한 방식이 무조건 나쁜 것은 아니다. 평소에 따뜻한 애정과 지속적인 상호작용이 충분히 바탕이 된 상황에서 간혹 이루어지는 이러한 조건적인 관계는 자녀가 좋은 성적과 같은 단기적인 목표를 이루도록 동기화하는데 더욱 도움이 될 수 있다.

하지만 평소 부모-자녀 간 상호작용이 거의 없거나 더 이상 따뜻한 애정과 이해에 기반하지 않은 상황이라면 이러한 상호작용은 장기적으로 문제를 야기할 수 있다. 2021년에 이루어진 한 설문조사에 의하면, 하루에 자녀와 대화하는 시간이 평균 1시간이 되지 않는다고 응답한 부모가 전체 응답자의 66%에 달했으며(정윤주, 2021), 이는 한국의 많은 가정에서 부모-자녀의 상호작용이 충분하지 않다는 것을 나타낸다. 일상적으로 부모-자녀 간 상호작용이 거의 이루어지지 않는 상황에서 한 번씩 이루어지는 상호작용이 조건적인 관계이거나 혹은 물질적 요구를 채워주기만 하는 방식으로 이루어진다면 이는 부모-자녀 간 감정적 연결을 점차 약화시키고 서로에 대한 이해에 대한 부족으로 이어질 수 있다. 이는 장기적으로 부모-자녀 간 관계를 악화시키는 부정적인 요인으로 기능할 수 있다.

3. 지금 부모님과 나의 관계는 어떠한가? 왜 그러한가?

지금 이 강의를 수강하는 많은 수강생들에게 있어 부모님과의 관계는 현재진행형일 것이다. 부모님과 나의 관계는 어떠한가? 부모님과 때때로 갈등이나 마찰을 경험하지만 일반적으로 대화하고 이해하며 좋은 관계를 유지해 나가고 있는가? 갈등을 자주 또 심하게 겪는 편인가? 혹은 딱히 큰 갈등은 겪고 있지 않지만 서로 진심 어린 대화나 상호작용도 거의 없는 상태인가? 언제부터 그리고 왜 그렇게 되었다고 느끼는가? 만약 현재 부모님과 관계가 좋지 못하다면 그 모든 것이 부모님의 책임이라 느껴지는가? 아니면 일부분 나의 책임도 있다고 생각하는가?

앞서 살펴본 할로우와 볼비의 연구 결과는 부모-자녀의 관계에 있어서 단순히 생리적 그리고 물질적 욕구를 채워주는 것을 넘어서 따뜻한 애정과 관심이 바탕이 될 때 개인의 건강한 성장과 발달이 이루어진다는 사실을 알려주고 있다. 이 연구 결과들은 특히 생애 초기에 부모의 역할이 중요하다는 사실을 지적한다. 다시 말하면, 그것이 긍정적이든지 부정적이든지 지금 나의 현재 모습의 일부분은 내가 어릴 때 부모로부터 받았던, 또 자라오면서 부모와 내가 함께 쌓아왔던 관계의 질에 의해 결정되어온 것이다. 이러한 연구 결과에 대해 누군가는 이렇게 생각할 수 있다. '그럼 내가 지금 가지고 있는 부정적인 부분은 다 어렸을 때 부모님이 나를 따뜻한 애정으로 돌보지 못해서 그런 거야?' 아마 일부는 옳은 말일 수도 있다. 다만, 이렇게 다소 성급하게 결론짓기 전에 부모님을 둘러싼 경험적·사회적 맥락을 고려할 필요가 있다.

우선, 내가 부모님과 지금 크게 갈등을 겪는 부분이 있다면 혹은 오랫동안 갈등을 겪어 온 부분이 있다면 어떤 부분인가? 나를 이해하지 않으려 하는 것 같은 자세? 내가 원하는 만큼의 경제적 지원의 부재? 혹은 역할 갈등? 진로 문제? 기대치의 문제? 연인 문제? 혹은 어려서부터 오랫동안 쌓여온 해묵은 갈등의 연속? 정말 다양한 문제들이 거론될 수 있을 것이다. 실제로 한 상담 사례에서 한 내담자는 부모님과의 관계에 대해 이렇게 이야기했다.

"

부모님들은 어른이면서 왜 그러는 걸까요? 그게 뭐가 됐든 안 된다고 하고 하지 말라고 하고. 엄마 아빠도 어렸을 다 그렇게 하면서 자랐을 것 아닌가요? 어차피 잔소리 한다고 우리가 듣는 것도 아니고 그리고 자기들도 그걸 다 뻔히 알 거면서. 무엇보다 엄마, 아빠는 내가 무슨 생각을 하는지 뭘 원하는지 부모면 다 알아야 하는 것 아닌가요?

"

한 가지 중요한 점은 부모도 처음 부모가 되었다는 것이다. 자녀의 입장에서 보면 부모는 대단해 보이지만 하루하루 자녀를 키우고 대화하고 때로는 칭찬하고 때로는 혼내는 그 모든 과정이 부모도 모두 처음 해보는 일이다. 따로 부모가 되기 위한 교육과정을 듣고 실습을 하고 시험을 치고 자격증을 따서 부모가 되는 것이 아니라 그저 나이가 들고 결혼을 하고 사랑의 결과로 내가 생겼다. 그리고 내가 태어났기에 그 순간부터 어찌 보면 함께 좌충우돌하며 살아온 것이다.

물론 좋은 부모-자녀 관계를 위한 수많은 심리학 이론과 양육서와 전문가의 강의와 가이드라인이 존재하지만 현실적으로 이 모든 것을 각 상황에 맞게 또 자녀의 성향에 맞게 적절하게 맞춰가며 자녀를 양육하기란 불가능에 가깝다. 실제로 전문가들이 제안하는 많은 행동 지침, 예를 들어 '자녀와 많이 대화하고 신경을 많이 써주고 그 어떤 것이든 감정을 읽고 공감해주며 자녀에게 무슨 일이 일어나는지 항상 체크하면서도 어느 정도 장성하면 독립적인 선을 지켜주라'와 같은 것들은 부모가 자녀에게 온 신경을 쏟을 수 있다는 굉장히 이상적인 상황을 전제로 한다.

하지만 현실은 그렇지 않다. 먹고 살기 위해 정말 치열하게 돈을 벌어야 하고 변화하는 직장과 세상에서 살아남기 위해 끝없이 자기 계발을 해야 하며 그 외에도 수많은 의무와 책임을 지고 산다. 앞서 한국 부모의 상당수가 자녀와 대화하는 시간이 하루에 1시간도 되지 않는다는 설문에 대해 소개했다. 이는 자녀에 대한 한국 부모의 무관심보다는 부모가 살아가는 한국 사회의 현실이 녹록치 않다는 것을 의미한다. 부모는 그 치열한 삶의 과정에서 나를 이제껏 키워온 것이다.

더 나아가 부모가 살아왔던 세상은 지금 내가 살아가고 있는 세상과는 많이 다르다. 한국 사회는 건국 이래 전 세계에서 가장 빠르게 발전해 온 나라 중 하나로 한국 사회와 문화의 변화 속도는 다른 나라들에 비해 현저하게 빠르기에 부모 세대가 당연하게 받아들이며 겪어왔던 사회의 가치관과 규범은 지금 대학생 세대가 경험하는 그것과 많이 다르다. 어찌 보면 우리는 같은 공간이지만 다른 세상을 살아가고 있는 것인지도 모른다.

그 표현 방식이 따뜻한 애정이었든지, 금전이었든지, 혹은 비록 내가 느끼기에 관심이 조금 부족했을지라도, 상당히 버거운 현실의 무게 속에서 난생 처음 해보는 부모의 역할을 묵묵히 견디며 포기하지 않고 지금껏 나를 키워온 부모님의 속마음은 무엇이었을까? 드러난 방식은 달라도 그 안에 따뜻한 애정이 담겨있는 것은 아니었을까?

한국판 상태 성인 애착 척도 문항

지시문

아래 진술은 지금 당신이 어떻게 느끼는지와 관련된 내용으로 구성되어 있습니다. 각 진술이 현재 느끼고 있는 자신의 감정과 어느 정도 일치 혹은 불일치하는지 정도를 표시하시오.

아래 채점 기준에 따라 '긍정적 애착' 점수를 구하고 부모님과 나의 관계가 나의 긍정적 애착 정도와 관련이 되어 있는지, 있다면 어떻게 관련이 되어 있는지에 대해 생각해 보시오.

전혀 그렇지 않다						매우 그렇다
1	2	3	4	5	6	7

지금 이 순간 ______________

1. 지금 당장 누군가가 나를 진심으로 사랑한다고 말해주었으면 좋겠다.
   1 2 3 4 5 6 7
2. 나는 좋은 친구나 친한 누군가가 생기면 불편할 것 같다.
   1 2 3 4 5 6 7
3. 나는 외로움을 느끼지만 다른 사람들과 가까워지고 싶지 않다.
   1 2 3 4 5 6 7
4. 나는 사랑받고 있다고 느낀다.
   1 2 3 4 5 6 7
5. 지금 당장 친한 누군가가 나에게 왔으면 좋겠다.
   1 2 3 4 5 6 7
6. 지금 뭔가 잘못된다면, 누군가에게 기댈 수 있을 것 같다.
   1 2 3 4 5 6 7
7. 나는 다른 사람들이 나를 아껴주고 있다고 느낀다.
   1 2 3 4 5 6 7
8. 지금 당장 누군가가 나를 무조건적으로 사랑해주었으면 좋겠다.
   1 2 3 4 5 6 7
9. 누군가가 내게 너무 가까이 다가올까 봐 두렵다.
   1 2 3 4 5 6 7
10. 누군가가 나와 친해지려고 한다면, 나는 일정 거리를 유지하려 할 것이다.
   1 2 3 4 5 6 7

11. 친한 사람들이 내 곁에 있어줄 것이라고 믿기에 마음이 놓인다.

1　2　3　4　5　6　7

12. 나는 지금 당장 사랑받고 있다는 느낌을 꼭 갖고 싶다.

1　2　3　4　5　6　7

13. 나는 기댈 수 있는 누군가가 내 주변에 있다고 느낀다.

1　2　3　4　5　6　7

14. 지금 당장 누군가와 내가 느끼고 있는 여러 감정을 나누고 싶다.

1　2　3　4　5　6　7

15. 나는 누군가로부터 사랑받고 있다고 느끼지만 그것에 크게 상관하지 않는다.

1　2　3　4　5　6　7

16. 누군가와 가까워진다는 생각은 나를 불안하게 한다.

1　2　3　4　5　6　7

17. 지금 당장 내가 고민하는 문제에 관심을 가져줄 사람과 이야기를 나누고 싶다.

1　2　3　4　5　6　7

18. 나는 안전하다고 느끼며 다른 사람들과 가깝다고 느낀다.

1　2　3　4　5　6　7

19. 지금 당장 나는 누군가의 감정적인 지지가 정말로 필요하다.

1　2　3　4　5　6　7

20. 나와 가까운 사람들을 신뢰할 수 있다고 느낀다.

1　2　3　4　5　6　7

21. 나는 다른 사람들과 가까워지는 것에 대해 복잡한 감정을 느낀다.

1　2　3　4　5　6　7

출처: 박성덕, 이우경. (2012). 한국판 상태 성인 애착 척도의 신뢰도 및 타당도 연구. *신경정신의학, 51*, 147-155.

점수 산출방법

1) 1 · 4 · 6 · 7 · 11 · 13 · 14 · 18 · 19 · 20번의 점수는 있는 그대로의 점수로 산출한다.
   예: 선택지① - 1점 / 선택지② - 2점 / 선택지③ - 3점 / 선택지④ - 4점 / 선택지⑤ - 5점 / 선택지⑥ - 6점 / 선택지⑦ - 7점
2) 2 · 3 · 5 · 8 · 9 · 10 · 12 · 15 · 16 · 17 · 21번의 점수는 역으로 산출한다.
   예: 선택지① - 7점 / 선택지② - 6점 / 선택지③ - 5점 / 선택지④ - 4점 / 선택지⑤ - 3점 / 선택지⑥ - 2점 / 선택지⑦ - 1점

이와 같이 합산하여 점수가 높을수록 긍정적 애착을 가진 것을 의미한다.

※ 참고: 본 척도는 원래 안정, 회피, 불안의 세 가지 애착 유형을 측정하는 것으로 개발되었으나 강의 내용을 바탕으로 점수 산출 방법이 원래의 방식과는 다소 다르게 제시되었음. 원래의 3요인 모형으로 내용을 해석하고자 하는 경우에는 출처의 논문을 참조하기 바람.

부모님과 나의 관계에 대한 에세이 쓰기

부모님과 나의 관계에 대한 에세이를 작성하시오.

어린 시절 나는 아버지 및 어머니와 어떤 관계였는가? 지금 아버지와 나는 지금 어떤 관계인가? 어머니와 나는 어떤 관계인가? 자라오면서 아버지 및 어머니와 왜 현재의 방식으로 관계를 맺어왔다고 생각하는가? 부모님과 내가 맺어온 관계가 다른 사람들과의 관계에도 영향을 미친다고 생각하는가? 그렇다면 왜 그렇다고 생각하는가?

부모님과 나의 관계에 대한 에세이 쓰기

부모님과 나의 관계 증진을 위한 방법을 고민해보고 이에 대해 작성하시오.

지금 나는 부모님과의 관계에 대해 어떻게 느끼는가? 어떤 부분에 만족하고 어떤 부분에 불만족하는가? 부모님은 나와의 관계에서 어떤 부분에 만족하고 어떤 부분에 만족하지 못한다고 생각하는가? 이러한 불만족스러운 부분을 개선하기 위해서 내가 부모님에게 바라는 부분은 무엇인가? 내가 더 노력할 수 있는 부분은 무엇인가?

10강

미래 행복을 위한 주춧돌 쌓기 II

"결혼이란 그렇지요
쌀 씻는 소리, 찌개 끓는 소리 같이 듣는 거지요
밥 익는 냄새, 생선 굽는 냄새 같이 맡는 거지요
…
결혼이란 그렇지요
혼자 밥 먹던 날들을 떠나보내고
같이 밥 먹을 날들을 맞아들이는 거지요
(그렇다면 밥을 다 먹은 뒤에는 무얼 할까요?)
혼자 잠들던 날들을 떠나보내는 거지요
같이 잠드는 날들을 맞아들이는 거지요
결혼이란 그렇지요
둘이서 하나가 되는 일이지요
그리하여 하나가 셋을 만들고 넷을 만들고 다섯을 만드는 거지요"
- 안도현 '결혼이란' 중

인간은 고독한 존재이다. 어려서부터 대학에 다닐 때까지는 부모 및 가족과 함께 지내는 경우가 많으며 또 다른 사람들과 교류할 수 있는 기회가 많이 있기에, 인생에서 가장 고독감과 외로움을 적게 느끼는 시기라고 볼 수 있다. 하지만 대학을 졸업하고 사회 초년생이 되고 부모로부터 독립하게 되면 상당한 시간을 혼자서 보낼 수밖에 없게 된다. 사실상 진정한 의미에서 인생은 내가 홀로서기를 시작하면서부터 시작된다. 그리고 고독감, 외로움과 같은 감정은 늘 내 곁에 존재한다.

고독감과 외로움의 가장 좋은 치료약은 '좋은 인간관계'이다. 특히 인생을 함께 살아가는 동반자와 가족의 존재는 삶을 보다 행복하고 의미 있으며 풍요롭게 해준다. 비록 그 구체적인 형태는 조금씩 다를지라도 인류 역사를 통틀어 대부분 문화권의 사람들이 배우자를 만나고 아이를 낳아 가정을 이루며 살아온 것은 이것이 그만한 가치가 있는 일이기 때문일 것이다. 실제로 힘들고 어려운 순간마다 내 편이 되어주고 함께 의지할 수 있는 누군가가 존재한다는 것은 그것만으로도 큰 희망과 위로가 된다.

하지만 가정을 꾸린다는 것은 녹록한 일이 아니다. 우선 서로 다른 가정환경에서 다른 가치관을 바탕으로 다른 경험을 해온 두 사람이 인생의 합을 함께 맞춰가는 것은 많은 인내와 노력이 필요한 일이다. 나아가 아이를 낳고 양육하기 위해서는 많은 준비가 필요한 법이다. 이러한 준비는 경제적인 준비만을 의미하는 것이 아니라, 무엇보다 어떤 배우자를 만나서 어떠한 가정을 꾸리고 싶은지에 대해 고민하고 성찰함으로써 구체적인 청사진을 그리는 것이 무엇보다 중요하다 할 수 있다.

본 강에서는 '가정을 이루고 부모가 된 나'에 대해 고찰해 보는 시간을 가져보고자 한다. 구체적으로 배우자를 만나 가정을 꾸리고 자녀를 양육하는 것이 어떤 의미인지, 또한 어떤 청사진을 그려야 하는지에 대해 함께 생각해 볼 것이다. 이러한 고찰은 수강생 여러분들이 나중에 배우자를 만나고 가정을 이룰 때 조금 더 건강하고 행복한 가정을 꾸려나가는 데 기여할 수 있을 것이다.

1. 결혼 및 배우자 선택

비록 때로는 싸울 것이라는 걸 알면서도 나와 함께 아침에 눈을 뜨고 소소한 일상의 이야기를 나누며 저녁에 함께 잠이 들 배우자가 있으면 좋겠다는 생각을 누구나 한번쯤은 해보지 않았을까? 두 명의 연인이 하나로 합쳐져서 가정을 이루는 것은 주로 '결혼'이라는 과정을 통해 이루어진다.

1) 결혼의 의미

결혼은 일반적으로 성인이 된 두 남녀가 혼례라고 하는 의식을 통해 결합하고 법적으로 하나가 되는 과정을 의미한다. 하지만 결혼에 대한 구체적인 기대와 양상은 문화권에 따라 많은 차이가 있으며[2], 일반적으로 미국과 같은 서구 문화에서는 부부가 될 두 남녀에 초점이 맞추어지는 반면 한국에서는 단순히 부부가 될 두 사람의 결합을 넘어서 여전히 가족 간 결합이라는 인식이 여전히 남아 있다.

결혼은 대부분 일생일대의 큰 사건으로 여겨진다. 철저한 신분사회였던 조선에서도 결혼식에서만큼은 평민들에게 벼슬아치가 입는 관복을 허용하는 등 경사스러운 의식으로 여겼다. 결혼식은 많은 문화권에서 크고 성대한 잔치로 이루어지며 신랑과 신부 측 가족과 지인들이 참석하여 새로운 커플의 시작을 축하하며 앞날의 번영을 기원한다.

결혼은 개인의 삶에도 큰 변화를 가져온다. 결혼을 통해 두 명의 개인은 하나의 가정을 이루게 되며 이에 따른 많은 사회적 역할의 변화를 겪는다. 우선 부부가 된 커플은 인생의 동반자로서 새로운 관계를 형성하며 이러한 서로에 대한 헌신의 의무는 법적인 보장을 받는다. 한국 사회의 경우, 사회적으로 진정한 독립된 성인으로 인정받는 것은 일반적으로 결혼 이후이며, 이러한 신분의 변화와 더불어 가정의 대소사에 참여할 권리와 함께 그에 따른 책임이나 역할을 부여받기도 한다.

결혼은 사회적으로도 중요한 의미를 지닌다. 결혼을 통해 형성된 가정은 가장 작은 단위의 사회로서 출산을 통해 인구재생산을 이룸으로써 사회가 지속적으로 유지되는데 기여한다. 따라서 최근 결혼 기피와 낮은 출산율은 한국 사회의 지속가능성을 위협하는 큰 요인이라 할 수 있다. 정부는 신혼부부 지원, 출산에 대한 지원 등 다양한 정책을 통해 결혼한 부부들에게 혜택을 제공하여 사회를 지속 가능하게 유지하려고 노력한다.

---

2 현대사회에서는 동성결혼 등 다양한 형태의 커플도 포함하는 등 결혼의 개념이 확장되어 가는 추세가 있다. 다만, 이 강에서는 보다 전통적인 의미의 결혼에 초점을 맞추어 결혼과 배우자 선택에 대해 논의하고자 한다.

2) 배우자 선택과 관련하여 고려해야 할 점

결혼이 두 명의 성인이 하나의 가정을 이루어 평생을 함께 살아가는 일이라는 점을 고려할 때, 결혼에서 무엇보다 중요한 점은 어떤 배우자를 나의 동반자로 선택하느냐는 문제라고 할 수 있다. 어떤 사람을 배우자로 선택하느냐에 있어 마치 문제집의 참고서처럼 객관적인 정답은 존재하지 않는다. 다만 심리학자 네일 워렌(Neil Warren)은 배우자 선택 시 고려해야 할 10가지 사안을 제시했으며, 이 중 중요한 네 가지 측면들을 소개하면 아래와 같다(Warren, 1992).

당신이 이상적으로 생각하는 배우자상을 분명히 하라. 세상에 객관적으로 완벽한 배우자란 없다. 모든 사람은 장단점을 가지고 있으며, 또 개인의 특성에 대해 내가 어떻게 생각하느냐에 따라 그것이 장점이 되기도 하고 또 단점이 되기도 한다. 예를 들어 내가 조금 의존적인 성향이 있다면 조금 카리스마가 있는 사람이 파트너로 잘 맞을 수 있다. 반면에 주도권을 쥐는 것을 좋아하는 성향이라면 이러한 사람은 파트너로 어울리지 않을 수 있다. 여기서 중요한 것은 '카리스마가 있는'이라는 상대의 특성은 나의 특성과 내가 원하는 바에 따라서 장점이 될 수도 있고 단점이 될 수도 있다는 것이다. 만족스러운 배우자 선택을 위해서, 나의 특성, 내가 설계하는 삶의 방향성, 경험, 미래 계획 등 다양한 요인을 고려하여 어떤 사람이 나에게 어울릴 사람일지에 대한 구체적인 청사진을 그려놓는 것이 좋다.

당신과 같은 유형의 사람을 좋아하는 사람을 찾으라. 결혼을 한다는 것은 배우자와 평생을 함께하는 일이며, 이러한 장기간의 관계에서는 서로의 모습에서 꾸준히 매력을 찾는 것이 중요하다. 사람에게는 성향이라는 것이 존재하며, 또 이에 따라 상대의 모습에 끌리는 지점이 모두 다르다. 나의 성향과 특성을 좋아하고 이에 매력을 느끼는 사람을 만난다면 보다 만족스러운 결혼생활로 이어질 수 있다.

갈등을 함께 잘 해결할 수 있는 사람인지 고려하라. 결혼생활에서 갈등은 필연적이다. 아무리 사이가 좋고 잘 맞는 부부라도 살면서 갈등은 필연적으로 겪게 된다. 나아가 이러한 갈등을 잘 해결한다면 오히려 부부 사이가 더 공고해지는 계기가 될 수 있다. 따라서 나의 배우자가 갈등을 현명하게 잘 해결해 나갈 수 있는 사람인지는 성공적인 결혼생활에 있어 매우 중요한 요인이다. 갈등의 성공적인 해결은 현실에 대한 객관적인 인식과 진솔한 대화, 상대에 대한 존중에 기반을 둔다. 내가 배우자로 고려하는 상대방이 이와 같은 측면들을 갖추었는지 진지하게 고려하는 것은 성공적인 결혼생활을 위해 중요하다.

서로의 가족과 잘 지낼 수 있는 사람인지 고려하라. 결혼을 하면서 대다수의 커플은 상대의 가족과 어느 정도 관계를 맺게 된다. 특히 한국 사회는 결혼은 개인 간 개인의 결합이라기보다 가족과 가족 간의 결합으로 보는 시선이 많기 때문에 나의 가족과 나의 배우자 그리고 나와 배우자의 가족, 또 나의 가족과 배우자의 가족 사이에서 일어나는 관계의 역학은 결혼생활에도 상당한 영향을 미칠 수 있다. 따라서 서로의 가족과 관계를 잘 유지하는 것은 성공적인 결혼생활에도 도움이 될 수 있다. 따라서 나의 배우자가 나의 가족과 잘 지낼 수 있는 사람인지를 고려하는 것은 중요한 요소이다. 물론, 나도 상대의 가족과 좋은 관계를 가지기 위한 노력을 이루어야 할 것이다.

3) 피해야 할 결혼 결정

좋은 배우자는 성공적인 결혼을 위한 필요조건이지만 그 자체만으로 충분조건인 것은 아니다. 다양한 맥락적 요인이 성공적인 결혼생활에 영향을 끼칠 수 있다. 따라서 결혼에 대한 결정은 신중하게 이루어져야 하며, 워렌이 제시하는 피해야 할 일곱 가지 결혼 결정 중 중요한 세 가지 측면들을 소개하면 아래와 같다(Warren, 1992).

결혼에 대한 비현실적 기대감을 가지지 않는다. 좋은 아파트에서 안정적인 직장을 바탕으로 아들·딸 낳고 웃으며 행복하게 살아가는 가정, 결혼에 대한 낭만과 환상만을 가지고 결혼을 선택한다면 역설적으로도 원만한 결혼생활을 하기가 어렵다. 결혼은 어찌 보면 풍랑이 이는 험한 바다에서 나와 배우자 그리고 가족이 함께 살아갈 작고 단단한 섬을 꾸려나가는 과정이며, 이에는 많은 현실적인 어려움이 따른다. 결혼이 하나의 현실이라는 점을 충분히 인식할 때 이를 바탕으로 원만한 결혼생활을 이어 나갈 수 있다.

충분한 연애 기간을 가지고 결혼 결정을 너무 빨리 내리지 않는다. 결혼은 마치

이인삼각과 같이 두 사람이 함께 꾸려나가는 인생의 보금자리다. 이는 서로에 대한 높은 이해와 존중을 기반으로 하며 이를 위해서는 서로에 대해 충분히 알아갈 수 있는 시간을 가지는 것이 중요하다. 가능하다면 결혼을 생각하는 상대방의 성격과 가치관에 대해 깊게 이해하려 애쓰고 또한 서로에게 헌신하는 시간과 경험을 축적하도록 하는 것이 좋다. 나아가 충분히 시간을 갖고 연애하면 상대방의 장점뿐 아니라 단점과 한계 등을 파악할 수 있게 된다. 상대의 장점과 결점을 충분히 아는 것은 보다 나은 의사결정을 위한 단초가 될 수 있다. 특히 상대방과 한창 낭만적인 사랑을 나눌 때는 배우자의 결점이 눈에 들어오지 않거나 이를 무시하는 경우가 많다. 하지만 상대방과 오랜 세월을 살다 보면 상대의 장점은 점점 작게 보이고 단점은 크게 보이게 된다. 결혼을 결정하기 전 상대의 '결점'에도 불구하고 이 사람과 함께 평생을 살아 나갈 수 있을지 고민해 보는 것이 중요하다.

다른 사람을 기쁘게 하기 위하거나 사회적인 눈치 때문에 결혼을 결정하지 않는다. 의외로 결혼을 결정하게 되는 중요한 요인 중 하나가 사회적인 시선인 경우가 많다. '부모님이 좋아하시니까', '결혼을 해야 할 나이가 되었으니까', '내 친구들 모두 결혼했는데 나만 결혼하지 못하고 있으니까' 등등. 물론 이러한 요인들이 하나의 고려 사항이 될 수는 있다. 하지만 시간과 시선에 쫓겨서 하는 결혼생활은 합리적인 의사결정을 하지 못하게 만들고 이는 성공적인 결혼생활을 방해 요인으로 기능할 수 있다. 그런 생각이 들 때마다 한 번씩 떠올려 보는 것은 어떨까? 결혼을 통해 겪게 되는 좋은 점과 어려움을 감당하는 것은 결국 나라는 사실을…….

2. 가족생활주기와 부모의 역할

결혼생활은 함께 살아감이다. 함께 살아가면서 부부는 다양한 문제에 직면하고 이를 해결하기 위해 노력한다. 부부가 함께 살아가면서 경험하는 중요한 문제들에는 어떠한 것들이 있을까? 또 이를 현명하게 잘 헤쳐 나가기 위해 중요한 요인은 무엇일까?

1) 가족생활주기

부부의 결혼생활 모습은 시간의 흐름과 더불어 가족의 변화에 따라 자연스럽게 변해간다. 심리학자 이블린 두발(Evelyn Duvall)이 제시한 가족 발달 이론(Family development theory)에 따르면 이러한 가족생활주기는 크게 8가지 단계로 나누어 볼 수 있다(Duvall, 1988). Duvall이 최초로 제시한 모형을 현대사회의 가족 유형에 맞게 다소 변형하여 7단계로 수정하여 제시하면 아래와 같다.

1단계 새롭게 형성된 부부 이 시기 부부는 새로이 출발한다. 이 시기의 부부는 무엇보다 가정의 토대를 이루고 가정 내에서 서로의 역할에 대해 확립하는 것이 중요하다. 여기에는 각자의 수입 관리, 공동재산 형성, 가정 대소사의 일에 대한 역할 분담 및 기대조정, 부부의 친인척 및 친구 등 인간관계에 관한 논의 등이 중요한 문제로 대두된다. 또한 부부간 만족스러운 의사소통을 위한 기본적인 합의를 도출하는 것 또한 필요하다.

2단계 자녀 출산 가족 자녀를 출산하게 되면 부부의 생활과 가정의 모습은 아이를 양육하는 데 대부분의 초점이 맞춰지게 된다. 아이의 양육을 위해서는 많은 시간과 자본, 에너지가 필요하며, 이러한 변화에 성공적으로 적응하는 것이 이 시기에 중요하다. 따라서 자녀를 출산하기 전 어느 정도 경제적인 요건을 갖추어 두는 것이 중요하다. 직장생활과 아이의 양육, 가사 일을 재분담하는 것이 이 시기 가장 중요한 발달과업이라 할 수 있다.

3단계 초등학교 입학 전 가족 자녀가 성장할수록 지출은 늘어나고 또 의사소통의 필요성은 증가한다. 이 시기의 자녀는 자아가 점점 생성되기 시작하며 이에 따라 가족관계의 역학이 조금씩 복잡해지기 시작한다. 한편 이 시기의 자녀는 여전히 부모의 돌봄을 많이 필요로 하기에 자녀를 향한 많은 헌신이 필요한 시기이기도 하다. 최근에는 맞벌이 부부가 증가하면서 어린이집이나 유치원 등 기관에 자녀를 의탁하는 경우가 많다.

4단계 초등학교 아동 가족 자녀가 정식으로 학교를 다니게 되면서 자녀의 성취가 가족의 중요한 문제로 부상하게 되는 시기이다. 자녀 역시 다양한 발달적 요구를 보이게 되며 이를 충족시키는 것 또한 부부의 중요한 과업으로 기능한다. 한편 자녀가 학교에 다니고 또 점점 자라게 되면서 어느 정도 시간적 여

<표 10-1> 7단계 가족생활주기 모형

단 계	시 기	특 징
1단계 새롭게 형성된 부부	결혼~ 첫 자녀 출산	함께 살아가는 첫 단계 부부로서의 역할 적응이 중요
2단계 자녀 출산 가족	첫 자녀 출산~ 생후 약 36개월	자녀의 출산 및 양육에 따른 에너지 및 부모로서의 역할 재정적 부담 급증
3단계 초등학교 입학 전 가족	첫 자녀가 8세가 될 때까지	자녀 양육에 많은 시간 투자 부부가 함께하는 시간이 현저히 감소
4단계 초등학교 아동 가족	첫 자녀의 연령 8~13세	자녀 교육을 위해 다양한 외부 기관 (학교, 학원)과 교류하는 시기 양육자의 개인 시간이 증가
5단계 청소년·청년기 자녀 가족	첫 자녀의 연령 14~30세	자녀의 성장과 더불어 경제적 부담 증가 부부와 자녀 간 갈등 증가
6단계 장·노년기 가족	첫 자녀 취업~ 막내가 집을 떠날 때	자녀가 성인기에 들면서 독립 시작 독립하는 자녀를 돕는데 많은 경제적 자원을 쏟음 많은 경우 이때 직장에서의 은퇴도 함께 이루어지며 경제적 부담을 겪음
7단계 노년기 가족	막내가 집을 떠날 때~ 사망	다시금 부부 둘만의 생활을 영위하며 역할을 새로 적응함 조부모로서의 역할 수행하기 시작 건강과 경제적 문제, 관계의 상실이 이 시기 중요한 이슈로 등장

출처: 정미라, 이희선, 배소연, 최미경, 조윤정 (2003). 자녀양육과 부모역할. 도서출판 양서원. 재인용.

유가 부부간에 생기기도 한다. 특히 한국의 경우 자녀 양육에 주로 초점을 맞춤으로써 부부의 관계가 소원해지는 경우가 많으며, 이러한 관계를 회복하려는 노력이 이 시기에 요구되기도 한다.

5단계 청소년·청년기 자녀 가족 대략 첫 자녀가 중학교 입학하면서 대학교를 졸업할 때까지가 이 시기에 해당한다. 이 시기 자녀는 신체적·정신적으로 성장하는 시기이며 특히 사춘기를 겪으면서 부부와 자녀 간 갈등이 심해지기도 한다. 나아가 이 시기에는 부모에 대한 자녀들의 요구가 급증하며 자녀들에 대한 부부의 요구(e.g., 학업 성취) 역시 급증하는 때이다. 따라서 이 시기에는 가족 구성원 간의 상호이해와 적절한 의사소통이 무엇보다 중요하며 이를 통해 서로 간 기대와 요구를 타협하며 맞춰나가는 것이 중요하다고 할 수 있다. 최근에는 청년 취업이 점점 어려워지면서 취업을 하는 시기가 늦어지면서 이 시기가 점점 길어지는 경향을 보인다.

6단계 장·노년기 가족 첫 자녀가 취업을 하면서 막내가 졸업할 때까지가 이 시기로 자녀의 독립에 따른 각종 재정적 지원과 결혼 자금 지원 등 이 시기의 부부가 받는 재정적 압박은 상당하다. 특히 최근에는 이 시기가 부부의 은퇴 시기와 겹치거나 은퇴 이후인 경우가 많으면서, 위와 같은 재정 문제가 이 시기 부부의 가장 큰 과업이라고 할 수 있다. 또 자녀들이 독립하면서 생겨나는 가정의 변화에 적응하고 부부관계를 재조정하는 것 또한 필요하다. 나아가 자녀의 결혼을 통해 새로이 늘어날 가족 구성원을 받아들이고 좋은 관계를 유지하는 것 또한 이 시기 부부가 해야 할 중요한 일 중 하나이다.

7단계 노년기 가족 이 시기의 부부에게 가장 중요한 일은 자기 자신과 배우자의 노쇠와 죽음에 대비하고 여생을 마무리하는 것이다. 주변의 지인들도 하나 둘씩 떠나기 시작하면서 인간관계가 점점 줄어드는 시기이기도 하다. 특히 이 시기에는 신체적·경제적 측면에서 타인에 대한 의존도가 높아지므로 이에 대한 대비책을 마련하는 것이 필요하다.

2) 부모의 역할

앞서 살펴본 두발의 가족생활주기에서 제시한 바와 같이 부부의 가족생활주기의 변화는 자녀의 발달 과정과 크게 관련이 있다. 따라서 가족을 이룬다는 측면에 있어 부모로서의 역할은 무엇보다 중요하다고 볼 수 있다. 자녀를 키울 때 부모는 어떤 역할을 하게 되는 것일까? 정미라와 동료 연구자(2003)들은 크게 부모의 역할을 의식주 및 보살핌 제공, 성장 발달 및 교육지원, 정서적 지원, 가치·규범 역할 전수의 네 가지로 도식화했다.

의식주 및 보살핌 제공 자녀 양육의 가장 큰 역할 중 하나는 인간 생활의 기본인 의식주와 따뜻한 보살핌을 제공하는 것이다. 자녀가 안정적으로 자랄 수 있는 공간을 제공하고 자라면서 요구되는 영양과 기본적인 욕구를 충족시켜주며 다양한 사회의 위협으로부터 자녀를 보호하는 것은 자녀를 양육하는 부모의 가장 기본적인 역할이라고 할 수 있다.

성장 발달 및 교육지원 인간은 사회적인 동물로 단순히 의식주를 해결하는 것만으로 올바른 성장이 이루어질 수 없다. 교육과 사회화는 인간이 성인이 되어 올바로 기능하기 위해 필수적이며 부모는 자녀가 적절하게 사회화가 이루어질 수 있도록 도와야 한다. 자녀가 어릴 때는 필요한 발달과업에 따라 생활능력, 신체 조절 능력, 운동 기술 등이 적절히 발달되도록 도와주어야 하며 언어를 가르치고 주변 환경에서 일어나는 여러 가지 상황에 대한 기본적인 지식을 가르치는 등과 같은 역할을 해야 한다. 자녀가 조금 더 자라서는 학교에 보내서 교육을 받을 수 있도록 지원하고 자녀가 충분한 성취를 이룰 수 있도록 돕는 것도 부모가 해야 할 역할이다.

정서적 지원 앞서 3강 자아정체성과 7강 자아존중감 부분에서 다루었듯이 개인이 건강하고 건전한 삶을 영위하기 위해서 건강한 자아정체성과 자아존중감을 갖는 것은 중요하다. 부모의 역할 중 하나는 자녀에게 따뜻한 애정과 관심, 사랑을 충분히 줌으로써 자녀가 건강한 인격을 형성하도록 돕는 것이다.

가치·규범 역할 전수 부모로서 자녀 양육의 최종적 목표는 자녀가 독립한 후에도 사회의 일원으로서 충분히 제 기능을 하도록 돕는 것이다. 이는 자녀들이 사회에 적응하며 살아갈 수 있도록 사회에서 통용되는 가치나 규범, 기대되는 역할 등을 전해주는 것을 포함한다. 부모는 자녀들에게 사회에서 요구하는 바람직한 가치관을 길러주고 사회구성원으로서 누릴 수 있는 권리와 또 해야 하는 의무에 대해 가르쳐야 하며 다른 사회구성원들과 교류를 위한 필수적인 에티켓과 규범을 익힐 수 있게 도와야 한다.

3. 내가 바라는 가정은 어떤 모습인가?

이제껏 결혼을 하고 가정을 꾸리고 부모가 된다는 것이 어떤 의미인지에 대해 일반론적인 측면에서 살펴보았다. 궁극적으로 중요한 것은 결국 "내가 바라는 가정은 어떤 모습인가?"라는 질문일 것이다. 따라서 내가 원하는 배우자와 가정에 대한 확고하고 구체적인 청사진을 지금부터 그려나가는 것이 미래의 성공적인 결혼생활을 위해 도움이 될 것이다. 이때 중요한 점은 내가 앞으로 이룰 가정을 성공적으로 꾸려나가기 위해서는 "가정이란 어떠한 형태의 것이든 인생의 커다란 목표이다"라고 이야기한 홀랜드(Holland)의 말처럼 많은 시간과 에너지를 쏟아야 한다는 사실을 인식하는 것이다. 즉, 이것이 내 인생에서 정말 중요하고 의미 있는 일인지에 대해 충분히 고민해 보는 것이 중요하다. 이미 가정을 이루고 살아가는 선배나 주변 지인들에게 경험을 들어보는 것도 좋은 방법이다. 이를 통해 어떤 요인이 중요하게 고려되어야 하는지 보다 깊은 통찰을 얻을 수 있다.

가장 중요한 것은 '내가 바라는 가정은 어떤 모습인가?'라는 질문은 내가 앞으로 살아가고자 하는 미래의 모습과 결코 무관하지 않다는 것이다. 즉 내가 원하는 미래에 대한 구체적인 청사진을 그릴 수 있어야 내가 바라는 가정의 모습에 대한 청사진의 모습도 그릴 수 있을 것이다. 결국 우리가 살아가면서 경험하는 보다 나은 의사결정은 '나'에 대해 잘 이해하는 것에서 시작하며, 이러한 이해를 바탕으로 미래의 내가 어떤 모습일지에 대해 지금부터 구체적으로 조금씩 그려나가는 것이 중요하다고 할 수 있다.

혹자는 이렇게 질문할 수도 있다. '저는 가정을 꾸릴 생각이 없고 혼자 사는 게 목표인데 이런 문제에 대해 굳이 생각해 봐야 할까요?' 특히 현재 한국 사회의 문화가 점점 가정을 꾸리지 않고 1인 가구를 이루며 살아가는 방향으로 변화하고 있다는 점을 고려할 때, 이는 충분히 고민해 볼 가치가 있는 질문이라 할 수 있다. 이 강의를 듣는 수강생 중에도 결혼과 가정을 이루는 문제에 대해 고민해 본 적이 없거나 혹은 부정적인 태도를 지닌 학생이 존재할 것이다. 이러한 질문에 대해 이렇게 생각해 보는 것은 어떨까? 우리가 어떤 물건을 살 때도 성능과 가격 등을 꼼꼼히 따져보고 고르게 된다. 하물며 배우자를 만나고 가정을 꾸린다는 것은 일생일대에서 가장 중요한 사건 중 하나라는 점은 분명히 부인할 여지가 없을 것이다. 이를 선택하고 선택하지 않고는 궁극적으로 개인의 결정이겠지만, 내가 이것을 원하는지 그렇지 않은지를 진정으로 알기 위해서는 가정을 이루고 부모가 된 내가 어떤 모습일지에 대해 진지하고 구체적으로 생각해 보는 것이 중요할 것이다. 더 나아가, 가족들이 서로 맺어져 하나가 되어 있다는 것이 정말 이 세상에서 유일한 행복이라고 이야기한 마리 퀴리(Marie Curie)의 말처럼 가족을 이루고 부모가 됨으로써만 얻을 수 있는 삶의 의미와 행복이 분명히 존재한다는 점을 말하고 싶다. 또한 보다 넓은 관점에서, 가정을 꾸리고 자녀를 낳아 양육하는 것은 우리 사회의 존속을 위해서도 필요한 일이다. 따라서 이 시간을 통해 한 번쯤 미래의 가족과 부모가 된 나에 대해 진지하게 고민해 보는 것이 어떨까?

내가 그리는 가족의 모습

미래의 내가 이루고자 하는 가정의 모습은 어떤 것인가? 가족 내에서 나는 어떤 모습으로 있으며, 어떤 역할을 담당하고 있을까? 평소의 나는 무엇을 하고 있고 나의 배우자와 자녀들은 무엇을 하고 있을까? 특별한 날에는 어떻게 같이 시간을 보내고 있을까? 내가 그리는 가족의 모습을 상상해보고 이를 구체적으로 기술하시오.

미래 가족에게 쓰는 편지

미래의 배우자에게 쓰는 편지

사랑하는 당신에게 …

미래의 아들에게 쓰는 편지

"오, 내 아들아"

미래의 딸에게 쓰는 편지

“오오, 내 딸아”

11강

미래로의 여행

미래자기에 대하여

"상상력은 창조의 시발점이다.
당신이 원하는 것을 상상하게 되면 그것을 행동으로 옮길 것이며,
결국에는 그것은 당신의 미래가 된다."

"Imagination is the beginning of creation.
You imagine what you desire, you will what you imagine,
and at last, you create what you will."

- 조지 버나드 쇼(George Bernard Shaw)

초·중·고등학교 시절 우리는 무엇을 위해 학교를 가고 생활기록부에 좋은 기록을 남기고 좋은 성적을 받기 위해서 노력했는가? 지금 우리는 무엇을 위해 강의를 나오고 공부를 하고 전공 관련 자격증을 따고 대외활동을 하는가? 더 나은 미래의 나를 위해서일 것이다. 물론 대다수의 사람들이 공부를 하고 실력을 쌓는 데만 몰두하는 것은 아니다. 취미생활도 즐기고 인간관계도 하며 현재를 즐기는 다양한 노력도 이렇듯 현재 우리가 내리는 의사결정의 상당 부분은 현재의 만족과 미래의 만족을 적당히 조율하는 방식으로 이루어진다. 하지만 다양한 사람들과 어울리다 보면 아마 느낄 것이다. 지금 당장의 만족에 더 초점을 맞추어 살아가는 사람들이 있는가 하면 보다 장기간의 미래를 계획하고 이를 위해 살아가는 사람들이 있다. 마치 며칠 뒤에 중간고사나 기말고사 등 중요한 시험이나 일정이 있는데도 불구하고 이를 전혀 신경 쓰지 않고 PC방에 가거나 드라마를 보거나 친구들과 술을 마시는 사람이 있는가 하면 착실히 시험이나 자격증을 준비하는 사람들도 있듯이 말이다. 이러한 선택의 차이는 어디에서 기인하는가?

본 강에서는 미래의 더 나은 내가 되기 위해 우리가 가져야 할 자세에 대해 다루고자 한다. 우선, 미래의 성취와 관련된 의사결정의 두 종류에 대해 살펴볼 것이다. 더 나아가 미래의 성취를 향한 의사결정을 예측하는 핵심적인 요인으로 알려진 '미래 자기'와 관련된 사회심리학적 논의를 살펴본 뒤 미래의 자신의 모습에 대해 한 번 고찰하는 시간을 가져볼 것이다.

1. 현재 지향형 vs 미래 지향형 의사결정

아래 두 인물의 사례를 읽고 두 인물이 어떤 측면에서 차이가 나는지, 그리고 10년, 20년이 지난 뒤 이 두 인물의 삶이 어떤 모습일지에 대해 생각해 보자.

유월이(25)는 즉각적이고 자극적인 만족을 추구하는 것을 좋아한다. 현재 ○○대학교 ○○학과에 재학 중인 그녀는 그리 부유하지도 그렇다고 가난하지도 않은 일반적인 가정에서 태어났다. 그래서 딱히 경제적인 어려움을 느껴본 적은 없지만 그렇다고 하고 싶거나 갖고 싶은 것을 모두 다 하면서 살지는 못했다. 그래서 대학생이 된 이후 용돈과 아르바이트를 하면서 번 돈은 모두 옷과 가방을 사거나 해외여행을 가는 등으로 족족 써버려 통장은 늘 비어있다. 유월이에게 가장 중요한 것은 지금 '내가 즐거움을 느끼는가?'이며, 이를 위해서는 지금 당장 하고 싶은 것을 참지 않는다. 한때 유행했던 말인 YOLO(You only live once, 한 번 사는 인생 마음껏 즐겨라)가 유월이의 삶을 가장 잘 나타내는 단어라고 볼 수 있다. 유월이에게 인생에서 가장 중요한 것은 지금 그저 이 순간을 즐기는 것이며 미래의 일은 그때 가서 생각하면 된다고 생각한다.

–

달리(26)는 현재 ○○대학교 ○○학과에 다니는 그녀는 졸업 후 회계사가 되는 것이 목표로, 가능하면 졸업 전 시험에 합격하기 위해 두어 번 휴학을 신청하고 공부를 하고 있다. 그녀에게 중요한 것은 지금 당장의 즐거움이 아니라 회계사 시험에 합격하고 졸업하여 좋은 회계법인에 들어가서 경제적 풍요와 좋은 커리어를 누리는 것이다. 이를 위해 그녀는 하루 대다수의 시간을 학교 도서관에서 공부하는데 사용하고 있으며 틈틈이 쿠팡 아르바이트를 하며 필요한 용돈을 보충한다. 그녀는 가끔 꿈을 이룬 자기 자신에 대해 생각해 보는데 회계사가 된 자신의 모습을 상상해 보면 괜히 기분이 설레곤 한다. 비록 한때 YOLO라며 지금을 즐기는 것이 중요하다는 인식이 많은 젊은 사람들에게 퍼져 있었지만, 달리는 한 번 사는 인생 제대로 사는 것이 중요하다고 생각하며, 그 방법은 지금 열심히 노력해 사회생활을 좋은 지점에서 시작하는 것이라 생각한다.

두 인물은 어떤 측면에서 차이가 나는가? 가장 큰 차이점은 삶을 대하는 태도일 것이다. 유월이는 지금 이 순간의 만족과 기쁨만을 위해 살아간다. 한편, 달리는 지금의 자신의 즐거움을 희생하더라도 미래의 성공에 초점을 맞추며 살아가고 있다. 인간의 의사결정(decision-making)과 관련된 사회심리학 연구에서는 크게 의사결정을 현재 지향형 의사결정(present-oriented decision-making)과 미래 지향형 의사결정(future-oriented decision-making)의 두 가지로 구분하여 접근하고 있다. 현재 지향형 의사결정은 즉각적인 만족, 단기적 이익 및 현재 순간에 초점을 맞추는 의사결정을 의미하며, 장기적 결과를 고려하지 않고 현재의 욕구, 필요성 또는 즐거움을 우선시하는 의사결정이다. 반면에, 미래지향적 의사결정은 지금 행동의 장기적 결과를 고려하고 미래의 성공과 목표를 우선시하는 선택을 의미한다. 미래 중심적 의사결정을 하는 사람들은 장기적 목표에 시간과 노력을 투자하고 미래의 이익을 위해 현재 희생을 감수하는 경향이 있다. 앞선 사례에서, 유월이는 현재지향적 의사결정을 주로 하는 인물이며 달리는 미래지향적 의사결정을 주로 하고 있는 인물이라고 이야기할 수 있다.

수많은 사회심리학 연구는 장기적인 관점에서 볼 때 이러한 의사결정 성향의 차이가 삶의 중요한 측면들에 영향을 끼친다는 점을 알려주고 있다. 경제적 문제, 건강 등 다양한 측면에서 이러한 성향의 차이가 영향을 끼치지만 특히 연구자들은 미래 지향적인 사람들이 현재 지향적인 사람들에 비해 학업과 진로 등 다양한 영역에서 훨씬 높은 성취를 보이는 경향이 있다는 사실을 밝히고 있다. 어쩌면 이는 당연한 일일 것이다. 보다 높은 성취와 성장을 위해서는 구체적인 목표를 설정하고 비록 지금 당장 결과가 나오지 않더라도 설정한 목표를 이루기 위해 성공할 때까지 꾸준한 노력을 이어 나가야 한다. 더 좋은 성취에 도전할수록 경쟁이 더욱 치열하게 마련이고 이는 더 많은 시간과 노력의 투자가 이루어져야 함을 의미한다. 다시 말하면, 미래지향적 방향으로 의사결정을 내릴 때 더 높은 성취가 가능한 것이 바로 우리가 살고 있는 현실이다. 어찌 보면 이는 당연한 일이라 할 수 있다. 인생은 선택의 연속이고 그 선택에는 결과가 따른다. 지금 당장의 즐거움만 좇으며 사는 개인과 장기간의 목표에 따라 꾸준히 노력하는 개인이 미래에 누리게 되는 과실은 다를 것이며 또 달라야 할 것이다.

2. 미래자기 연속성

미래 지향적인 의사결정이 더 나은 미래의 결과로 우리를 이끄는 것은 어찌 보면 당연하게 들린다. 그렇다면 어떤 심리학적 특성을 가진 사람들이 보다 미래 지향적인 행동을 하는 경향성을 보이는 걸까? 이와 관련하여, 사회심리학자 할 허쉬필드(Hal Hershfield)는 미래자기 연속성(future-self continuity)이라는 개념을 제안하였다.

사람들은 대체적으로 타인과 나를 구분하여 생각한다. 사람들이 현재의 자기 자신과 미래의 자기 자신을 대하는 방식도 마찬가지이다. 많은 사람들이 현재의 자기 자신과 미래의 자기 자신을 구분 지어 생각하는 경향이 있다. 다만, 현재의 자기 자신과 미래의 자기 자신을 얼마나 가까운 존재로 느끼는지에 대한 거리감은 개인마다 다르며, 이 거리감의 정도를 나타내는 개념이 미래자기 연속성이다. <그림 11-1>에 제시된 7개의 그림을 보라. 이 그림들 중 여러분은 자기 자신이 해당하는 번호가 어디라고 생각하는가? 만약 1번을 선택했다면 지금의 나 자신과 미래의 나 자신의 연속성을 거의 느끼지 못하는 경우일 것이다. 만약 7번을 선택했다면 지금의 나와 미래의 나를 매우 가깝게 느끼는 것이라 할 수 있다. 그리고 미래자기 연속성은 개인의 미래지향적 의사결정의 성향과 깊은 관련이 있다. 조금 더 쉽게 말해, 현재의 자기와 미래의 자기가 더욱 강하게 연결되어 있다고 느낄수록 개인은 더욱 미래지향적 의사결정을 하는 경

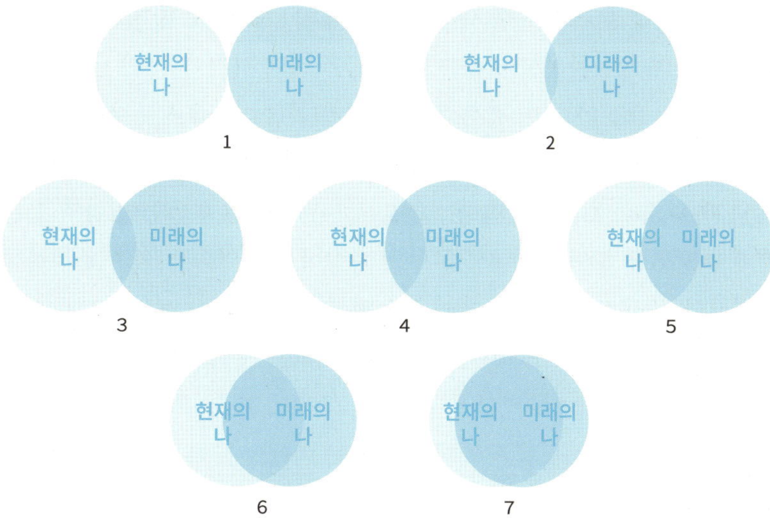

<그림 11-1> 현재 자기-미래자기 연속성 그림(Ersner-Hershfield et al., 2009)

향을 보인다. 특히 사회심리학 연구는 장기 목표를 위한 동기부여, 재정관리와 저축행동, 건강행동이라는 세 가지 측면에서 미래자기 연속성이 삶의 긍정적인 효과를 보여준다고 밝히고 있다(Ersner-Hershfield, Wimmer, & Knutson, 2009; Rutchick, Slepian, Reyes, Pleskus, & Hershfield, 2011).

장기목표를 위한 동기부여 미래자기 연속성이 높은 사람들 즉, 현재 자신과 미래 자신 간의 강한 연결감을 느끼는 사람들은 장기적인 목표를 구체적으로 설정하는 경향이 있고 또 이를 성취하기 위해 더욱 열심히 노력하는 경향을 보인다. 앞서 달리의 사례에서 보았듯이 이러한 이들은 지금 현재의 즐거움과 기쁨을 어느 정도 포기하더라도 장기적으로 더욱 이득이 되는 방향으로의 의사결정을 내린다. 기본적으로 이는 미래 자신을 현재 자신의 연장선으로 보기 때문이며, 그렇기 때문에 현재의 선택이 미래의 자기 자신에게 어떤 영향을 끼칠지에 대해 깊게 고민하고 그에 따라 의사결정을 내리는 경향을 보인다.

재정관리와 저축행동 미래자기 연속성과 관련된 선행연구에서 가장 많이 연구된 분야가 바로 재정관리와 관련된 분야이다. 현재의 자기와 미래의 자기의 연결을 강하게 느끼는 직장인들은 퇴직한 이후의 미래를 위해 돈을 조금 더

저축하는 경향을 보이며 직업 승진을 위한 투자, 계획적으로 월급을 관리하는 등 더욱 신중한 재정관리의 모습을 보인다.

건강행동 미래자기 연속성은 건강과 관련된 생활 방식에도 영향을 미친다. 미래 자신과의 연결을 느끼는 사람들은 그렇지 않은 사람들에 비해 더욱 건강한 식습관을 유지하고, 규칙적으로 운동을 하고, 건강 검진을 더 자주 받는 등 건강과 관련하여 바람직한 행동을 하는 경향이 있다. 미래자기 연속성이 강한 사람들이 이렇듯 더욱 높은 수준의 건강행동과 재정 관련 행동을 보이는 이유는 미래의 자기에 대해 느끼는 책임감 때문이라고 볼 수 있다. 나이가 들면 건강과 재정 모두 점점 악화될 수밖에 없다. 따라서 현재와 미래 자기의 연결을 더욱 강하게 느끼는 사람들은 젊었을 때부터 미래의 자기 자신을 위해 준비를 하는 경향을 보이는 것이다.

3. 미래자기 연속성을 증가시키기 위한 방법

미래자기 연속성이 강한 사람들이 보다 미래지향적인 방향으로 의사결정을 하고 이것이 높은 성취, 재정 계획, 건강 행동 등 여러 바람직한 실천적 행동으로 이어진다면, 미래자기 연속성을 높이기 위해서는 어떤 노력을 할 수 있을까? 허쉬필드는 미래자기 연속성이 크게 유사성(similarity), 선명성(vividness), 긍정성(positivity)의 세 가지 구성요소로 이루어져있다고 주장한다(Hershfield, 2011). 이를 조금 다른 시각에서 살펴보면 내 미래 모습과 지금 나의 유사성을 찾고 미래 모습을 선명하게 느끼도록 노력하며 또한 이를 긍정적으로 바라볼 때, 현재의 나와 미래의 나의 연속성을 더욱 강하게 느낀다고 할 수 있다.

1) 유사성(similarity)

혹시 살면서 지금 내가 느끼는 내 모습이 내가 생각하던 모습과 현저하게 다른 것 같아서 내가 누구인지 모르겠는 그런 느낌을 받아본 적이 있는가? 만약 내가 내 미래에 대해서 비슷한 느낌을 갖고 있다면 현재의 나와 미래의 내가 연결되어 있다고 느낄 것인가? 아마 아닐 것이다. 허쉬필드가 제안했듯이 많은 사람들은 현재의 자기와 미래의 자기를 기본적으로 구분 지어 생각하는 경향

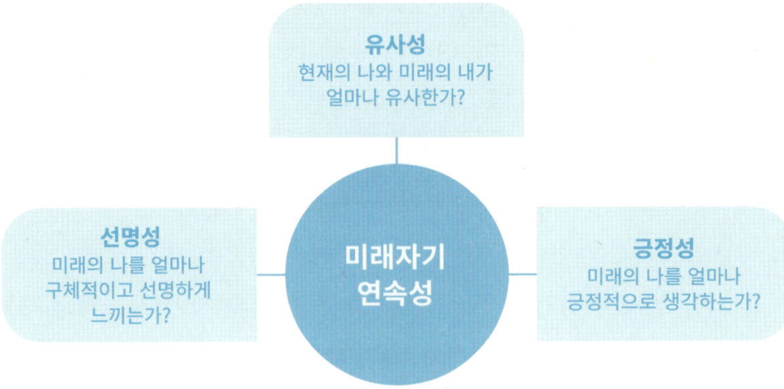

<그림 11-2> 미래자기 연속성의 구성요소

이 있다. 따라서 현재의 나와 미래의 내가 성격, 취향, 가치관, 지향점 등이 유사하다고 생각이 들 때에야 사람들은 두 자기 사이에 심리적 연결감을 느끼고 이는 미래자기 연속성을 강화시키는 중요한 요인이 된다.

2) 선명성(vividness)

미래자기에 대한 선명성이란 미래자기에 대해 구체적이고 명확한 모습을 생생하게 그려낼 수 있는가와 관련된 문제이다. 개인이 자신의 미래 자기에 대한 생생하고 명확한 비전을 갖고 있을 때, 현재의 자기와 미래의 자기 간 연속성을 강하게 느끼게 될 것이다. 이렇듯 선명한 자기의 미래 모습에 대한 비전은 이를 성취하기 위한 구체적인 계획의 수립으로 이어짐으로써 현재 내가 보다 미래 지향적으로 의사결정을 할 수 있게끔 돕는다.

3) 긍정성(positivity)

제 2강에서 다루었던 '자기고양편향'을 기억하는가? 사람들은 대체적으로 현실의 자신을 있는 그대로의 모습보다 더 낙관적으로 바라보는 경향이 있으며, 이는 나르시스트들의 사례에서처럼 현실의 나 자신을 크게 왜곡하는 정도가 아니라면 삶의 다양한 측면에 도움이 된다. 미래의 나에 대해 생각할 때도 마찬

가지이다. 개인은 미래의 자신에 대해 긍정적인 감정을 느낄 때 미래를 더욱 낙관적인 시각으로 바라보게 되며, 이러한 긍정적인 느낌은 현재의 나와 미래의 나의 연결감을 강화하는 하나의 매개체로 기능한다. 이는 다시금 현재의 내가 미래를 위해 보다 의미 있는 방향으로 노력하도록 나에게 동기부여를 함으로써 개인의 삶에 장기적인 관점에서 긍정적인 기여를 하게 된다.

이 강의를 현재 수강하고 있는 여러분들은 미래의 자기 자신과 현재의 자기 자신이 연결되어 있다고 느끼는가? 그렇다면 얼마나 연결되어 있다고 느끼는가? 조금 더 나아가서, 미래의 나의 모습을 지금의 나와 유사하게 느끼고, 선명하고 구체적으로 그릴 수 있으며, 또한 이에 대해 긍정적으로 생각하고 있는가? 만약 그렇지 않은 부분이 있다면, 현재 나와 미래의 나의 유사점이 무엇일지 상상해서 찾아보고, 미래의 내가 어떤 모습일지 긍정적으로 그리고 구체적으로 그리는 상상을 꾸준히 해보는 것은 어떨까?

미래자기 연결성 척도

지시문

아래 정체성 척도 문항을 바탕으로 자신의 현재 미래자기 연결성 정도에 대해 파악해 봅시다.

1. 각 문항에 대해 자신을 가장 잘 나타내는 응답지를 고르고, 아래 채점 기준에 따라 '미래자기 유사성', '미래자기 선명성', '미래자기 긍정성' 점수를 구하시오.

2. 자신의 조원들과 각 항목의 점수를 비교해 보고 자신의 미래자기에 대해서 전반적으로 어떻게 느끼는지에 관해 자유롭게 토의하시오.

전혀 다르다					완벽하게 동일하다
1	2	3	4	5	6

미래자기 유사성

1. 지금 당신과 10년 후의 당신이 얼마나 비슷할 것 같습니까?
   1 2 3 4 5 6
2. 지금 당신의 신념과 10년 후의 신념이 얼마나 비슷할 것 같습니까?
   1 2 3 4 5 6
3. 지금 당신의 성격과 10년 후의 성격이 얼마나 비슷할 것 같습니까?
   1 2 3 4 5 6
4. 지금 당신의 가치관과 10년 후의 가치관이 얼마나 비슷할 것 같습니까?
   1 2 3 4 5 6

전혀 상상할 수 없다					매우 생생하게 상상한다
1	2	3	4	5	6

미래자기 선명성

5. 귀하는 어느 정도로 생생하게 10년 후의 자신을 상상할 수 있습니까?
   1 2 3 4 5 6
6. 귀하는 자신이 10년 후 어떤 모습일지를 얼마나 생생하게 상상할 수 있습니까?
   1 2 3 4 5 6
7. 귀하는 10년 후 가족 간의 관계를 얼마나 생생하게 상상할 수 있습니까?
   1 2 3 4 5 6

전혀 마음에 들지 않는다					매우 생생하게 느낀다
1	2	3	4	5	6

미래자기 긍정성

8. 귀하는 10년 후 자신의 모습을 얼마나 좋아합니까?
   1 2 3 4 5 6
9. 귀하는 10년 후 당신의 성격을 얼마나 좋아합니까?
   1 2 3 4 5 6
10. 귀하는 10년 후 당신의 행동을 얼마나 좋아합니까?
   1 2 3 4 5 6

출처: Sokol, Y., & Serper, M. (2019). Development and validation of a future self-continuity questionnaire: A preliminary report. *Journal of Personality Assessment*, 1-12.

점수 산출방법

1번에서 4번까지의 합이 미래자기 유사성 점수이다. 5번에서 7번까지의 합이 미래자기 선명성 점수이다. 8번에서 10번까지의 합이 미래자기 긍정성 점수이다. 높은 점수는 각각 현재와 미래 자신을 유사하게 생각하고, 선명하게 느끼며, 긍정적으로 바라본다는 것을 의미한다.

미래 자신에 대해 에세이 쓰기

미래의 자기 자신의 모습에 대해 에세이를 작성하시오.

10년 후 나는 어디에서 어떤 일을 하며 무슨 생각을 하며 살고 있을까? 미래 자기의 모습에 대해 최대한 구체적으로 상상해보고 자세히 기술하시오.

미래 자신의 명함 만들기

아래 빈 공간에 미래의 내가 사용할 명함을 만드시오. 한글과 영문 버전으로 각각 만드시오.

한글판 명함

영문판 명함

12강

자아의 바다

항해를 마무리하며

"삶이 있는 한 희망은 있다."

"While there's life, there's hope."

- 키케로(Cicero)

한 학기 총 12강으로 구성된 자아의 바다도 이제 마지막 강의를 남겨놓고 있다. 한 학기 동안의 항해를 마무리 지을 때가 다가온 것이다. 한 학기 동안 자아의 바다 수업을 함께 해오면서 여러분들은 무슨 생각을 하였으며 무엇을 느꼈는가?

한 학기의 수업 동안 우리는 나 자신, 역할모델, 꿈과 목표, 부모님, 결혼과 가정, 미래 자기 등 나와 관련된 다양한 주제에 대해 함께 생각해 보았고 또 이야기를 나누었다. 이 모든 담론의 주체이자 본질은 바로 '나 자신'에게 있다. 즉, 나를 제대로 이해하고 이를 바탕으로 나의 앞날을 건설적으로 설계를 해보는 것이 바로 전체 강의의 목표였다.

마지막 강에서는 1강 '자기에 대한 이해'로부터 11강 '미래자기'에 이르기까지의 다양한 담론을 몇 가지의 큰 줄기로 정리하고 이를 통해 한 학기 동안 배웠던 내용들을 정리해 보고자 한다. 이를 통해 지난 항해의 기억을 되살리고 자기 자신에 대해 종합적으로 고찰을 해보는 시간을 가져보고자 한다.

1. 자기와 관련된 심리학적 이론(1-4강)

강의를 시작하면서 우리는 자기 및 자아정체성과 관련된 다양한 사회심리학 이론에 대해 폭넓게 다루어 보았다. 특히 중요하게 다루었던 내용으로는 '자기개념'과 '자아정체성'(1강 및 3강), '자기에 대한 자기 및 타인 지각'(2강)과 '역할모델(4강)'을 들 수 있을 것이다.

1강과 4강을 통틀어 자기와 관련된 심리학 이론들이 전하는 핵심적인 메시지는 바로 의외로 많은 사람들이 자기 자신에 대해 잘 모른다는 것이다. 아마 모든 사람들이 자기 자신에 대한 단편적인 신념('나는 남자야' '나는 여행을 좋아해' '나는 조용한 사람이야')은 가지고 있겠지만, 이러한 신념만으로는 내가 누구인지에 대해 이야기하기 한창 부족하다. 나를 잘 안다는 것은 인생을 통틀어 추구하는 자기 자신만의 확고한 가치관을 가지고 있으며 이를 바탕으로 과거의 경험을 일관되게 조직하며 더 나아가 어떤 삶을 살아가야 할지에 대한 뚜렷한 방향성을 가지고 있어야 함을 의미한다. 이를 3강에서는 확고한 자아정체성을 가진 사람이라 이야기했다. 많은 사람들이 이렇듯 확고한 자아정체성이 없으며, 특히 이제 성인기 초기에 진입한 대학생들은 더욱 그러하다.

자기 자신에 대해 탐색하기 위해 우리는 외부로부터 정보를 얻는다. 자기에 대한 자기와 타인 인식은 2강에서 논의하였다. 특히 내 주변 사람들은 아주 좋은 정보원이 될 수 있다. 종종 내가 인식하는 자기 자신과 타인이 나에 대해 가진 인식은 다른 경우가 있으며, 또 그럴 때가 많다. 그렇기에 타인이 내가 알아채진 못한 나의 면모에 대해 정보를 제공해 주는 것은 스스로에 대해 알아가는 데 많은 도움이 된다. 조하리의 창 기법을 활용하여 내가 아는 자기와 타인이 아는 나를 비교하는 것은 자기에 대한 이해를 넓히는 데 도움이 될 수 있다.

인생을 살아감에 있어 역할모델의 중요성은 매우 크며 이에 관한 내용을 4강에서 논의하였다. 역할모델은 개인이 가보지 않은 길을 먼저 걸어가고 있는 존재이기에 역할모델이 가진 경험과 노하우는 내가 인생을 살아가는 데 도움이 될 수 있다. 무엇보다도 맹자의 사례에서 살펴보았듯이, 역할모델은 때때로 개인의 인생의 방향성을 결정하는 중요한 역할을 한다. 따라서 좋은 역할 모델을 갖는 것이 중요하며, 좋은 역할 모델을 결정하는 기준으로 1) 나와 유사한 점이 있는가? 2) 내가 추구하는 삶과 역할 모델이 추구하는 삶의 방향이 같은가? 3) 역할 모델이 긍정적인 사람인가? 등을 들 수 있다. 좋은 역할모델은 내 삶을 건설적으로 이끄는 촉매제와 같은 역할을 한다.

2. 과거로부터의 교훈(6강, 9강)

6강과 9강에서는 지금의 나를 이루고 있는 과거와 관련하여 논의해 보았다. 특히 현대사회를 살아가는 개인은 대다수 다양한 측면에서 열등감을 느끼는 경우가 많으며, 여기에는 과거로부터의 경험이 크게 작용을 한다. 열등감은 보통 나쁘고 숨겨야 하는 것으로 인식되기 쉽지만 심리학자 아들러는 오히려 열등감이 성장과 발전의 좋은 원동력이 될 수 있다고 보았다. 자신의 결함에 대해 열등감을 느끼지 못한다면 그것을 극복하고자 하는 노력 또한 일어나지 않을 것이기 때문이다. 다만 중요한 것은 나의 결함이나 열등한 부분을 있는 그대로 받아들이고 인정하는 것이다. 나의 결함이나 열등한 부분을 내가 부끄럽고 숨기고 싶은 것으로 인식하거나 받아들이지 못하면 이는 열등컴플렉스가 된다. 열등컴플렉스를 가진 이들은 우월성을 가장하여 자신의 열등한 모습을 감추고자 하며 이는 개인의 성장과 발전을 방해한다.

9강에서는 부모-자녀 관계에 대해서 논의하였다. 부모는 자녀가 세상을 보는 창으로 개인에게 절대적 영향을 끼치는 존재가 부모이다. 부모가 자녀를 어떻게 양육하였는지에 따라 그 개인이 자신과 세상을 바라보는 시각이 결정되며, 이는 전 생애에 걸쳐서 많은 영향을 끼친다. 특히 다양한 양육 방식과 철학 중 '따뜻한 애정'에 기반한 양육이 개인에게 특별히 도움이 된다는 것을 논의하였다. 한편 부모의 입장에서 자녀 양육은 처음 해보는 일이며 서툴 수 있다. 아니 서툴 것이다. 따라서 부모를 둘러싼 경험적, 사회문화적 맥락을 고려하는 것이 필요하다.

과거로부터의 교훈과 관련된 강의에서의 핵심적인 메시지는 바로 나의 과거 경험(예, 부모와의 관계)이 지금의 나에게 끼치는 영향이 상당하긴 하지만, 이는 또한 스스로에 대한 인식과 노력으로 변화할 수 있다는 것이다. 생각하기에 따라서 내가 스스로에 대해 부끄럽거나 못났다고 여겨오던 부분들이 사실은 열등한 부분이자 결함이었던 것이 아니라 나를 발전시키기 위한 계기이자 원천이었을 지도 모른다.

3. 현재의 나(7강, 8강)

현재의 나와 관련된 강의의 핵심 메시지는 '지금-여기'의 나를 정확히 인식하는 것에서 시작하라는 것이다. 이는 11강에서 다룬 현재지향적 행동을 의미하는 것이 아니라 그 어떤 크고 원대한 꿈을 가지더라도 내가 처해있는 현실에 대한 정확한 인식에 바탕을 두고 이것이 이루어져야 한다는 것이다. 2강에서 이야기한 나르시스트들의 이야기나 6강에서 이야기한 열등콤플렉스를 가진 사람들의 예시를 살펴보았듯이 거짓된 자기 자신의 모습으로 가면을 쓰고 살아가는 사람들은 감정적으로 늘 불안해하며 거짓된 자기 이미지를 유지하는 데에 온 힘을 쏟는다. 그렇기 때문에 진정한 의미의 자아 성찰이나 자기 성장을 위해 에너지를 쏟지 않으며, 따라서 긍정적인 성장과 변화가 일어나기 어렵다.

지금-여기의 나 자신을 있는 그대로 바라보기 위해 필요한 요소는 무엇일까? 무엇보다 자기 자신을 긍정적으로 평가하는 것이 중요하다는 사실을 7강에서 논의하였다. 자기 자신이 가치롭다는 사실을 믿고, 스스로에 대해 긍정적으로 평가하며, 인생의 중요한 일들을 해낼 수 있다고 믿는 사람들은 현실의 자기 모습을 보다 객관적으로 보는 경향이 있으며, 이러한 현실 인식을 바탕으로 자신의 성장과 발전에 에너지를 쏟는다. 이는 물론 미래의 좋은 결과로 이어진다. 자기 자신과 미래에 대해 긍정적인 태도를 유지하되 그 현실에 대한 인식은 객관적이어야 한다.

4. 미래의 내 모습(5강, 10-12강)

마지막으로, 나와 관련된 다양한 미래의 모습에 대해 논의해 보았다. 꿈과 목표, 미래자기를 비롯해 결혼을 하고 가정을 꾸린 나의 모습 등 미래의 가능한 나의 모습에 대해 다양한 측면에서 논의를 전개하였다. 5강에서는 꿈과 목표는 각각 내 삶을 이끌어주는 이정표와 지침표로서의 역할을 하며 특히 꿈을 갖는 것과 더불어 꿈을 성취하기 위한 구체적인 목표와 계획을 함께 갖고 있는 것이 중요하다는 것을 역설하였다. 이는 11강에서 이야기한 미래자기 연속성의 개념과도 맞닿아 있다. 꿈과 목표를 분명히 가진 개인은 미래의 자기 자신에 대해 더욱 생생하게 느끼게 되고 긍정적으로 생각하게 됨으로써 지금 당장의 만족에 초점을 맞추는 것이 아니라 보다 장기적인 미래와 비전을 향해 노력하는 미래지향적인 행동으로 이어질 수 있다.

많은 사람들이 특히 젊은 시절에 미래의 꿈과 목표, 미래자기에 대해 생각하면 주로 성취나 커리어에 대한 생각을 하기 쉽지만, 나의 미래를 그려가는 와중에 중요하게 생각해야 할 요인 중 하나는 '배우자를 만나 가정을 꾸리는 것' 일 수 있다. 배우자를 만나 가정을 꾸리고 자녀를 양육하는 것은 든든한 동반자와 함께 인생이라는 망망대해를 헤쳐 나가는 것으로 내 삶에 큰 의미와 목적을 부여한다. 특히 모든 것이 개인화되고 사회 전체가 파편화되어가 소외감을 많이 느끼는 현 세태를 고려할 때, 가족은 이러한 소외감과 외로움을 상쇄시켜주고 삶을 건설적으로 살아갈 동기를 부여해주는 소중한 존재이기도 하다.

궁극적으로 꿈과 목표, 가족, 미래 커리어 등 나의 미래와 관계된 이 모든 것은 결국 '내가 어떻게 삶을 살아갈 것인가?'라는 보다 근본적인 삶의 질문과 맥이 닿아있다. 그런 의미에서 어떤 삶을 살 것인지는 살면서 늘 가져야 하는 중요한 질문일 것이다. 이 강의를 마무리하며 여러분에게 묻는다. 여러분은 삶을 어떻게 살아왔으며 이제부터는 어떻게 살아가고자 하는가?

자아의 바다 마무리 에세이

한 학기 동안 자아의 바다를 통해 여러분들은 무엇을 배우고 무엇을 느꼈는가? '현재'와 '미래'라는 두 가지 차원을 바탕으로 자아의 바다 수업을 듣기 전 나의 모습과 자아의 바다 수업을 듣고 난 후 나의 모습에 대해 생각해 보고 이에 관해 에세이를 쓰시오.

자아의 바다를 듣기 전 나는 지금까지의 나에 대해 어떻게 생각해 왔는가? 왜 그렇게 생각했는가?

또 자아의 바다를 듣고 난 후 나는 나에 대해 어떻게 생각하게 되었는가? 왜 그렇게 생각하게 되었는가? 자아의 바다 강의가 그러한 관점의 변화에 영향을 끼쳤다고 생각하는가? 강의 내용 중 어떠한 부분이 나 자신을 생각하는 방식에 변화를 주게 되었는가?

자아의 바다를 듣기 전 나는 나의 미래에 대해서 어떻게 생각했는가? 이루고 싶은 꿈이나 인생의 목표가 있었는가? 있었다면 무엇이었는가?

또 자아의 바다를 듣고 난 후 나는 나의 미래 모습에 대해 어떻게 생각하게 되었는가? 왜 그렇게 생각하게 되었는가? 자아의 바다 강의가 그러한 관점의 변화에 영향을 끼쳤다고 생각하는가? 특히 강의 내용 중 어떠한 부분이 미래의 나를 생각하는 방식에 변화를 주게 되었는가?

참고문헌

1강

· 김경애. (2013). 과정 중심 자기소개서 쓰기 교육 방법 모색. *교양교육연구*, *7*, 79-110.
· Bracken, B. A. (1992). Multidimensional self concept scale. *Psychology in the Schools*.
· Delugach, R. R., Bracken, B. A., Bracken, M. J., & Schicke, M. C. (1992). Self concept: Multidimensional construct exploration. *Psychology in the Schools*, *29*, 213-223.
· Rosenberg, M. (1986). *Conceiving the Self*. Reprint Edition. Krieger.

2강

· Buehler, R., Griffin, D., & Ross, M. (1994). Exploring the “planning fallacy”: Why people underestimate their task completion times. *Journal of Personality and Social Psychology*, *67*, 366-381.
· Gosling, S. D., John, O. P., Craik, K. H., & Robins, R. W. (1998). Do people know how they behave? Self-reported act frequencies compared with on-line codings by observers. *Journal of Personality and Social Psychology*, *74*, 1337-1349.
· Luft, J. & Ingham, H. (1955) *The Johari window, a graphic model of interpersonal awareness*, Proceedings of the western training laboratory in group development. Los Angeles: UCLA.
· Miller, D. T., & Ross, M. (1975). Self-serving biases in the attribution of causality: Fact or fiction?. *Psychological bulletin*, *82*, 213-225.
· Taylor, S. E., & Brown, J. D. (1988). Illusion and well-being: a social psychological perspective on mental health. *Psychological Bulletin*, *103*, 193-210.
· Weinstein, N. D. (1980). Unrealistic optimism about future life events. *Journal of Personality and Social Psychology*, *39*, 806-820.
· Zeigler - Hill, V. (2006). Discrepancies between implicit and explicit self - esteem: Implications for narcissism and self - esteem instability. *Journal of Personality*, *74*, 119-144.
· Zuckerman, M., & O’Loughlin, R. E. (2009). Narcissism and well - being: A longitudinal perspective. *European Journal of Social Psychology*, *39*, 957-972.

3강

· 박선웅. (2022). *정체성의 심리학*. 21세기 북스.
· 박선웅, 김혜민, 이준배, 문현. (2023). 한국어판 자기개념과 정체성 척도 단축형 개발.

한국심리학회지: 사회 및 성격, 67, 237-258.

· Côté, J. E. (2006). Emerging Adulthood as an Institutionalized Moratorium: Risks and Benefits to Identity Formation. In J. J. Arnett & J. L. Tanner (Eds.), *Emerging adults in America: Coming of age in the 21st century* (pp. 85–116). American Psychological Association.

· Ericson, E. H. (1982). *The life cycle completed: A review*. NY: Norton.

· Froming, W. J., Walker, G. R., Lopyan, K. J. (1982). Public and private self-awareness: When personal attitudes conflict with societal expectations. *Journal of Experimental Social Psychology, 18*, 476-487.

· King, L. A. & Joshua, A. H. (2021). The science of meaning in life. *Annual Review of Psychology, 72*, 561-584.

· Marcia, J. E. (1980). Identity in adolescence. *Handbook of Adolescent Psychology, 9*, 159-187.

4강

· Akers, R. L. (1997). *Criminological Theories: Introduction and Evaluation*. Los Angeles, California: Roxbury.

· Akers, R. L. (1998). *Social learning and social structure: A general theory of crime and deviance*. Boston: Northeastern University Press.

· Bandura, A. (1977). *Social learning theory*. Englewood Cliffs, NJ: Prentice-Hall.

· Bandura, A. (1997). *Self-efficacy: The exercise of control*. New York: Freeman.

· Lockwood, P., & Kunda, Z. (1997). Superstars and me: Predicting the impact of role models on the self. *Journal of Personality and Social Psychology, 73*, 91-103.

5강

· Brunstein, J. C. (1993). Personal goals and subjective well-being: A longitudinal study. *Journal of Personality and Social Psychology, 65*, 1061-1070.

· Feldman, D. B., & Snyder, C. R. (2005). Hope and the meaningful life: Theoretical and empirical associations between goal–directed thinking and life meaning. *Journal of Social and Clinical Psychology, 24*, 401-421.

· Harackiewicz, J. M., Barron, K. E., Tauer, J. M., & Elliot, A. J. (2002). Predicting success in college: A longitudinal study of achievement goals and ability measures as predictors of interest and performance from freshman year through graduation. *Journal of Educational Psychology, 94*, 562-575.

· Higgins, E. T. (1987). Self-discrepancy: A theory relating self and affect. *Psychological Review, 94*, 319–340.
· Oettingen, G. (2012). Future thought and behaviour change. *European Review of Social Psychology, 23*, 1-63.
· Thomas, B., Clegg, K. A., Holding, A. C., & Koestner, R. (2022). From the good life to good living: A longitudinal study investigating the relationship between good-life coherence and motivation, goal progress and subjective well-being. *Journal of Happiness Studies, 23*, 1887-1900.

6강

· 김미란. (2005). 아들러의 개인심리학에 근거한 격려 집단상담 프로그램 개발 및 효과분석. 목포대학교 대학원 교육학과 박사학위 청구논문.
· 김형수, 김흥규. (2006). 초·중·고 및 대학생들의 열등감이 정신건강에 미치는 영향. *한독교육학회, 11*, 37-69.
· 이연실, 이명희. (2020). 대학생의 열등감이 사회불안에 미치는 관계에서 내면화된 수치심의 조절효과. *정서행동장애연구, 36*, 297-313.
· Akdoğan, R., & Çimşir, E. (2019). Linking inferiority feelings to subjective happiness: Self-concealment and loneliness as serial mediators. *Personality and Individual Differences, 149*, 14-20.

7강

· 허창덕·정윤조 (2024). 사랑학개론. 열린시선.
· Baumeister, R., F. (1993). *Self-esteem*. New York: Plenum Press.
· Branden, N. (1995). *Six Pillars of Self-Esteem: The Definitive Work on Self-Esteem by the Leading Pioneer in the Field*. Bantam.
· Brown, J. D. (1993). *Self-esteem and self-evaluation: Feeling is believing.* In J. Suls(Ed.). Psychological per perspective on the self(Vol.4, pp. 27-58). Hilsdale, NJ: Erlbaum.
· Coopersmith, S. (1967). *The antecedents of self-esteem*. San Fransisco: Freeman.
· Fletcher, D., & Sarkar, M. (2013). Psychological resilience. *European Psychologist, 18*, 12-23.
· Merkle, R. (2007). 자기 사랑의 심리학. 21세기북스. 장현숙 역.
· Rosenberg, M. (1965). *Society and the adolescent self-image*. Princeton. NJ: Princeton University Press.

8강

- Branden, N. (1995). *Six pillars of self-esteem: The definitive work on self-esteem by the leading pioneer in the field*. Bantam.
- Whitely, R. (2021, March 26). *False self-true self: the perils of living a lie to fit in.* Psychology Today. https://www.psychologytoday.com/us/blog/talking-about-men/202103/false-self-true-self-the-perils-living-lie-fit-in.
- Ong, C. W., & Twohig, M. P. (2022). *The Anxious perfectionist: How to manage perfectionism-driven anxiety using acceptance and commitment therapy.* New Harbinger Publications.

9강

- 정윤주. (2021, July 15). 초등생 학부모 10명 중 6명 "자녀와 하루 1시간 미만 대화". YTN. https://www.ytn.co.kr/_ln/0103_202107151133012364
- Bowlby, J. (1978). Attachment theory and its therapeutic implications. *Adolescent Psychiatry,* 6, 5–33.
- Bowlby, J. (1982). Attachment and loss: Retrospect and prospect. American *Journal of Orthopsychiatry, 52*, 664–678.
- Harlow, H. F. (1958). The nature of love. *American Psychologist, 13*, 673–685. https://doi.org/10.1037/h0047884

10강

- 정미라, 이희선, 배소연, 최미경, 조윤정 (2003). 자녀양육과 부모역할. 도서출판 양서원.
- 허창덕·정윤조 (2024). 사랑학개론. 열린시선.
- Duvall, E. M. (1988). Family development's first forty years. *Family Relations*, 127-134.
- Warren, N. C. (1992). *Finding the love of your life: Ten principles for choosing the right marriage partner*. Simon and Schuster.

11강

- Ersner-Hershfield, H., Garton, M. T., Ballard, K., Samanez-Larkin, G. R., & Knutson, B. (2009). Don't stop thinking about tomorrow: Individual differences in future self-continuity account for saving. *Judgment and Decision making, 4*, 280-286.
- Ersner-Hershfield, H., Wimmer, G. E., & Knutson, B. (2009). Saving for the future self: Neural measures of future self-continuity predict temporal discounting. *Social Cognitive and Affective Neuroscience, 4*, 85-92.

· Hershfield, H. E. (2011). Future self - continuity: How conceptions of the future self transform intertemporal choice. *Annals of the New York Academy of Sciences, 1235*, 30-43.
· Rutchick, A. M., Slepian, M. L., Reyes, M. O., Pleskus, L. N., & Hershfield, H. E. (2018). Future self-continuity is associated with improved health and increases exercise behavior. *Journal of Experimental Psychology: Applied, 24*, 72.